親に知ってもらいたい

国語の新常識

灘中学校・灘高等学校国語科教諭
井上志音

聞き手
教育情報サイト「リセマム」編集長
加藤紀子

時事通信社

はじめに

私はこの20年間、私立学校4校をわたり歩き、2013年から神戸市にある灘中学校・高等学校で国語を教えています。一国語科教員の立場から見ても、いま学校の「国語」という教科は、多くの問題に直面しています。ただ、これまでそうした問題を、学校という枠を越えて考えたり、一般の保護者はどう捉えているのかという視点から語り合ったりする機会は多くありませんでした。特定の学校の事情にとらわれず、自由でフラットな視点で「国語の教育ってなんだろう?」というテーマを考える場があればと常々思っていたところ、まさに渡りに船、舞い込んできたのが本書のお話でした。

「国語」って何を教えているのか?
「国語」はどうやって教えればいいのか?
「国語」を得意にするためにはどうすればいいのか?

もしかすると、本書を手に取ってくださる方々の問題意識はこのようなものではないでしょうか。国語って、扱う文章がばらばらで、教育の仕方もどこかヴェールに包まれていて、算数や理科と違って答えがあるのかもわからない。確実に言えることは、「どうやらわが子は国語が得意ではない」という事実だけ。でも、自分たち保護者世代が受けてきた国語の常識は通用しないだろうし、何をどう対処すればいいかわからない……このようなお悩みをお抱えの方が多いでしょう。

もし、こうしたお悩みを解消したいとお考えになっているなら、本書は即効性のある処方箋にはならないかもしれません。現代の国語科で教える内容というものは、大枠こそあれ、すべてを具体化して説明し切れない部分があるからです。また、教育の方法も時々刻々と時流に合わせて変化し続けている面があります。

こう書くと身も蓋もないように思われるかもしれません。でも、想像してみてください。たとえば国語の「話す・聞く」「書く」「読む」の力の中身が、数百・数千と事細かにリストアップされていたり、「この作品は〜こう解釈すべきだ」という指示が羅列されていたりする世界って怖いと思いませんか？　国語で学ぶ内容の地平は、概念を通じて大まかに捉えることはできても、すべてを漏らすことなく具体的な言葉で網羅しつくせない性質を持っているのです。

では、取りつく島がないかというと、そういうわけではありません。移ろいゆく国語の内容はすべてを見通すことができなくとも、ある時代・ある学校の瞬間を切り取って分析することはできます。まるで世界の事件や出来事のすべてを網羅的にデータで記録することはできなくとも、その一部を写真や動画で保存し、確認できるように。

私はこれまで灘をはじめ、多くの学校で「写真」を撮り、実践の記録として社会に発信してきました。私学教員といえば異動もなく、基本的には一つの学校にしばりつけという印象をお持ちかもしれませんが、そのような教員ばかりではありません。たとえば灘校では兼業が認められているので、さまざまな学校で実践を重ねることができます。私は現在も、大阪大学・神戸大学の教職課程では教科教育法を、立命館大学大学院では国際バカロレア（International Baccalaureate：ＩＢ）教育の理論と実践を教えていますし、地域ボランティアとして参加している小学校の学習支援も含めると、小中高大院すべての校種に関わっていることになります。

また学校以外でも、私はＮＨＫ高校講座「現代の国語」（Ｅテレ）、「論理国語」（ラジオ第2）の監修・講師や、高校国語科教科書の編集にも携わっています。学校教員としての私の身体は一つですが、メディアを活用すれば、実際に対面できなくとも、日本の多くの児童生徒に自分の経験を還元することができます。

このようなさまざまな現場で、多様なバックグラウンドを持つ関係者と教育活動をともにする経験を通じて、深く気づかされたことがあります。それは、「言葉の教育を特定の教科だけで担う」という旧来の考え方から脱却する時期に差し掛かっているということです。言葉に関して、個人で育める力、集団でしか育めない力というものがあるならば、学校では国語の授業に限らず、そのときその場にいる人間で臨機応変に児童生徒の言葉の力を育んでいく局面も多々あるはずです。言葉の教育を国語科だけが請け負うのではなく、むしろ家庭や他教科とうまく連携しながら、持続可能な形で児童生徒の国語力の成長をサポートすることこそが重要であることを学びました。これからは、学校というフレームだけにとどまらない、緩やかでしなやかな教育のあり方を模索し、余裕と余白に満ちあふれた学習環境を家庭・地域・学校等でつくり出せるかどうかが課題になると思います。その意味では、家庭も地域も学校も、教育を一人で解決しようとしないという意識変革が必要になってきます。

話題を学校に限定するなら、昨今の「カリキュラム・マネジメント」の話にも通じます。これは、特定の授業だけで児童生徒の課題のすべてを解決しようとしないという考え方です。国語の授業で、できない生徒やついていけない生徒がいたとしても、授業は中長期の連続的なカリキュラムで進んでいくのだから、ただちに「この生徒はだめだ」ではなく、生徒をどこか別の授業で支援できればいいのです。単独の個別的な一つの授業だけで、そもそも誰一人取り残さない授業をしなくてもいいということです。こういう見方をさらに教科の枠を超えて拡張させると、中身によっては国語だけで抱える必要もなくなってきます。まさにそのとき、家庭・地域・学校が一体となった新たな国語教育の姿が立ち現れてくるのです。

児童生徒の言葉の力の成長のあり方を突き詰めていくと、国語教育を行っていく上での「家庭の役割は？」「学校の役割は？」という問いに行き着きますが、どうかこれらを二分法で考えず、広い視野で言葉の教育を考えてください。本書には、国語科教員として、そして小学生の保護者の一人として、私の考える新しい国語のあり方を収めていただきました。構成も、加藤紀子さんという教育ジャーナリストにもご支援・ご協力いただきながら、まるで読者の皆さんが目の前にいるようにイメージして、時に対話形式で、時に実践形式でお読みいただけるよう工夫しています。

本書が、小学生・中学生・高校生の保護者のみならず、学校教員、大学生、社会人の方々の国語に対する疑問や期待にこたえるものになっているなら幸いです。

井上　志音

親に知ってもらいたい　国語の新常識　もくじ

序章　学校では国語をどう教えているの？

第1章

国語力が伸びる！　子どもの学びとのかかわり方

3 教科書や受験から読書につなげるには？

4 なぜ文学を読むの？

5 子どもの思考力を育むには？

6 母語こそ国語力の土台？

第2章 考える力が育つ！ おうち国語レッスン

section 1 理念編

学校で教わること、教わらないこと

section 2 実践編

第3章 国語のお悩みQ&A

本書の登場人物

井上志音先生

灘中学校・灘高等学校国語科教諭。本務のかたわら、小学校から大学院にいたるまで幅広い教育現場で教えている。

加藤紀子

教育情報サイト「ReseMom（リセマム）」編集長。教育に関する最新事情を精力的に取材し、さまざまなメディアで執筆を行う。

序章

学校では国語をどう教えているの？

「国語力って何？」

「学校では何を教えているの？」

序章では、保護者の方がなかなか知る機会のない「国語」の現在地について、井上先生が解説します。

国語力とは?

国語の力とはどのようなものなのでしょうか。

学校では国語力を集団の中で育んでいきますが、国語力の成長は他人との比較を通して相対的に見取っていくものではなく、個人の言語能力の成長という視点で捉えるべきだと考えています。

小学校で学ぶ国語という教科は、学校教育法などの法令によって時間数や単位数が定められ、その内容も学習指導要領によって規定されています。児童が使っている国語の教科書もまた、こうした法的な規制の中で作成されているのです。

学校ではこのような法的体制を理解している人間、つまり教職課程を修了し教員免許状を持つ人間が教壇に立つわけですが、私たち学校教員が日ごろこのような制度としての国語科の枠組みの中だけで国語科教育を行っているかというと、決してそういうわけではありません。

国語科は言語の教育を主としています。しかし言語の獲得は、たとえば食べ物を「まんま」、親を「パパ・ママ」と呼ぶように、就学する前から家庭で始まっています。し、学校を卒業してからも社会生活の中で積み上げられていきます。このように、言語は学校という狭い世界を超えて、私たちの日常生活のすべての体験や認識に関わっているのです。人間は言語を通じてなされた認識を、ほかの人間とコミュニケーションを通じて共有し発展させながら「世界の中の自分」を自らの手でつくっていくものですが、**こうした社会的な言語の力の育成は、個人の力だけで成し遂げられるものではありません。そこに学校教育や家庭教育の意義があります。**

子どもが目の前の物や出来事を認識するとき、そこには必ず言葉が介在します。もちろん学校教育がなくとも、ある程度の言語能力があれば日常的なコミュニケーションや表面的な認識はできるでしょう。しかし、一つひとつの認識を深め、言語体験を振り返り、いわば文化遺産や伝統文化としての言語を高度なレベルで理解していくためには、場当たり的で自己流の言語学習では限界があります。学校や家庭での意識的な学習が不可欠になってくるのです。

このように国語科は、学校という狭い場所で、あるいは小学校6年・中学校3年・高校3年という限られた期間の中だけで意味をなす言語能力の育成を目指しているわけではありません。学校教員も、教育制度上の事項を児童生徒個々に当てはめていくという視点で教育にあたっているのではなく、**子ども一人ひとりの個別具体的な言語の力に寄り添いながら、生涯にわたって活用できる言語能力を育んでいく**という使命を念頭に教育に従事しているのです。

子どもたちが日本語の持つ特質や、日本の伝統的な言語文化を理解しながら、言語能力や感性を豊かにするためにはどうすればいいか。また、私たちは、言語的知識やその運用に関する技能を育み、それらを効果的に使いながら生涯にわたって世界との交流を広げていく学習者を育むために何をなすべきか。こうした問いを抽象論にとどめるのではなく、家庭（や学校）という現実の場で実現していく――これが本書のテーマの一つになっています。

灘校の成り立ち

ここで、私が2013年に奉職し、今も国語科の教員として勤めている灘中学校・灘高等学校（以下、灘校）について少しご紹介します。

灘校というと受験進学校の印象をお持ちの方が多いかもしれませんが、最初から進学校であったわけではありません。戦前、加熱化する阪神地区での中学受験熱を背景に、そうした受験熱を緩和すべく、地元酒造の菊正宗・白鶴・櫻正宗が合同出資して設立したという経緯があります。もっとも酒造会社の経営者たちは教育に詳しいわけではありませんので、阪神地区御影村の出身で、東京高等師範学校（現：筑波大学）やその附属校（現：筑波大附属中・高）などの学校長職を歴任した嘉納治五郎を教育顧問として招き入れて開校しました。嘉納は、講道館柔道の創始者でもあり、国際オリンピック委員会委員も務めています。つまり灘校は、地元酒蔵が資金を出し合い、柔道家が設立に携わった学校ということになります。灘校は戦後、学区再編に伴って進学校化しましたが、現在も「精力善用」「自他共栄」という講道館柔道の訓が、校是としてそのまま掲げられています。

灘中の定員は180名で、高校から40名入ってきて1学年が220名になります。灘校では、教員7〜8人がチームを組んで、6年間持ち上がるという**「担任団持ち上がり制」**を伝統的に採用しています。週4コマある英数国の教員が6年間一人で持ち上がるためには、4クラスが限界になります。よって、灘校では中高とも3〜4クラス制を長らく堅持してきました。

ただ、これには弊害もあって、高校220名を文理別で4クラス編成にしようとすると、仮に文系が約40人と少ない場合には、クラス定員が40／60／60／60という構成になります。理系がなんと1クラス60名近くになるのです。今は40人でも多いと言われている時代に、このような大人数でのクラス体制が残っています。このように、良くも悪くもかつての旧制中学の雰囲気が残っているのが灘校の特徴です。

私は現在、2022年の中学入学生を受け持っています。基本的にはこの学年が

2028年に高校を卒業するまでずっと持ち上がっていくことになります。灘校の国語科は、6年間持ち上がったあと2年間は学年に所属せず、いろいろな学年をサポートしていくのが慣例です。

すでに約2年が経ちましたが日々悪戦苦闘しています。というのも、昨今、灘中は定員180名のところ700名近くの小学生が受験する学校になりました。ありがたいことなのですが、出願者数のうち半数近くが近畿圏外からという状況です。必然的に在籍生徒の出身地も多様になり、また、下宿をしながら通学する生徒もいます。こうなってくると、彼らの家庭環境や生活背景も千差万別です。お預かりする立場としては、そうした生徒に対する言語的・心理的なフォローも必要になります。灘校では、こうした多様なバックグラウンドの生徒とともに教育活動が展開されています。

橋本武が実践した「スローリーディング」

灘校の国語科というと、皆さんの中には故人橋本武（1912〜2013年）という名物教員を思い浮かべる方もいるかもしれません。橋本は、中勘助の『銀の匙』という短い小説を中学校の3年間でゆっくり読み解いていくという、今で言うところの「スローリーディング」の実践をした教員です。授業は教科書に掲載されている文学作品を多読していくのではなく、手製の教材を活用しながら『銀の匙』一本を徹底的に読み込むというスタイルで展開されます。

橋本実践の最大の特徴は、授業内容がストーリーの詳細な分析だけに終始せず、**「寄り道する」「追体験する」「徹底的に調べる」「自分で考える」の四つを教育の基盤に据えながら、中学3年間、学習者主体の授業がひたすら展開される点にあります。**「寄り道」とあるとおり、橋本実践は初めから終わりまで『銀の匙』という一本軸は貫かれていながらも、授業で扱う内容は文章に書かれた内容にとどまりません。文中に「〜ぶ」で終わる動詞が出てきたら「〜ぶ」で終わる言葉を探してみよう、「春の七草」が出てきたら調べてみよう。橋本は『銀の匙』という作品への愛着を原動力に、「自分でやってみよう」「自分で調べてみよう」「自分で考えよう」を追い求めた教員でした。「主体性」という言葉が学校内で飛び交う現代からさかのぼること半世紀、当時から生徒を主語にした授業を展開していたことは驚くべきことです。

橋本がこのような自由奔放な授業スタイルを実現できた背景には、前述の「担任団持ち上がり制」があったことは言うまでもありません。残念ながら、現在の灘校には、橋本流の『銀の匙』実践をしている教員はいません。しかし、**橋本実践には、「担任団持ち上がり制」の良さを最大限に活用した、灘校らしい・灘校でしかできない教育のあり方を考えるヒントが詰まっています。**

「担任団持ち上がり制」と教科を超えた学び

私の考える「担任団持ち上がり制」の最大のメリットは、**教科を超えた「テーマ学習」のしやすさです。**たとえば、「近代」というテーマを据えた場合、同じ学年の教員間で口裏を合わせさえすれば、教科の枠を超えて、近代に関する文章を多読することができます。私も以前、英語の時間には近代文学を読み、国語の時間には並行的にその翻訳を日本語で読んで鑑賞する、という試みをしたことがあります。このように、普通の学校では単発ないし短期間にとどまりがちな「テーマ学習」を、より広いスケールで実施することができるのです。

通常、このような教科の枠を超えた学びは、「総合的な探究（学習）の時間」で行うものだと思います。ただ、灘校の場合は、総合学習のすべてを「総合的な探究（学習）の時間」が請け負うというスタンスは取りません。日常の「総合的な探究（学習）の時間」に特別感はなく、学際的な学び、つまり知識と知識を教科の枠を超えてつなげるような学習は、単一教科・科目内や授業外でもできますから、学校としてはそうしたことができる授業づくりや教育環境の整備に注力しようというわけです。このように、灘校では**教員が教科横断をわざわざ画策せずとも、「担任団持ち上がり制」が下支えとなって、生徒たちが各教科の内容を横断的につなげる環境が自然と学内に形成されている**のです。こうした教育文化を伝統として持っていることが学校の財産だと私は考えています。

新しくなった国語科の評価の観点

ここで、公教育一般の評価のあり方について簡単に書こうと思います。

数年前に学習指導要領が改訂され、小学校では２０２０年度より新しい学習指導要領が施行されています。大きな特徴として、「主体的・対話的で深い学び」をキーワードに、新たな資質・能力の三本柱が示された点が挙げられます。新しい学力として示されたのが、**「知識および技能」「思考力・判断力・表現力等」「学びに向かう力、人間性等」**の三つです。

学校の通知表ではこの三本柱をもとに、「知識・技能」「思考・判断・表現」「主体的に学習に取り組む態度」の3観点が評価項目に掲げられることになりました。通知表ではさらにそれぞれについて、「よくできる」「できる」「もう少し」という尺度がついていることが多いのではないでしょうか。**国語科はこれまで「国語への関心・意欲・態度」「話す・聞く能力」「書く能力」「読む能力」「言語についての知識・理解・技能」の5観点でしたから、かなり抽象的になってしまった**ことがおわかりになるかと思います（図1）。

わが家にも公立小学校に通う子どもがいますが、子どもが持ち帰ってくる通知表はまさにこれらの3観点×3尺度で評価がなされています。私も通知表を見たとき、一つひとつの項目がどうやって評価されたのかと想像します。たとえば、漢字の読み書

▼［図1］国語科の評価の観点はどう変わった？

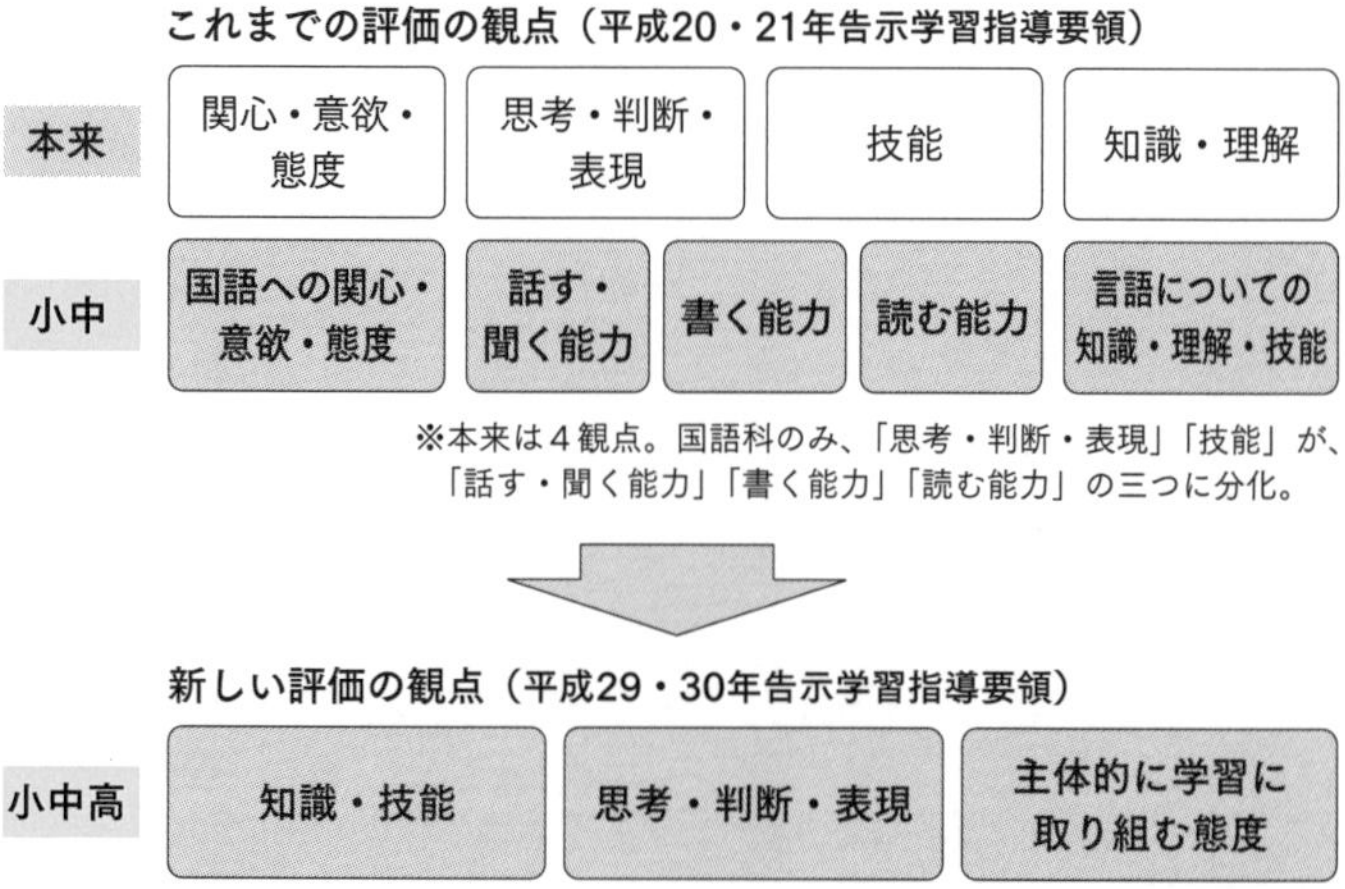

（出典）文部科学省　平成20・21年告示学習指導要領、平成29・30年告示学習指導要領をもとに作成

きをペーパーテストで行って、その結果を材料に「知識・技能」の評価を「よくできる」にする。これは理解できると思います。あるいは、国語の文章題で記述をさせて、その内容をもとに「思考・判断・表現」の評価を「できる」にする。これも大人の視点では理解できる部分があります。

しかし、「何のための評価なのか」と考えたとき、問題は山積しています。果たして通知表は子どもが自らの力で学習を進めるための材料になり得ているでしょうか。

評価の大原則は「後出し」をしない

子どもが自身の課題を自覚し、学びを前進させるための評価のあり方を考える上で、大きなポイントが一つあります。それは**子どもに対して評価の「後出し」をしないということ**です。これは、子どもにまず活動をさせて、あとから評価基準を示すようなことはしないことを意味します。私の研究している国際バカロレア教育（後述）もそうなのですが、**「評価」の目標や基準は基本的に「活動」の前に提示することが大原則です。**学校では多くの場面で、評価の「後出し」が散見されます（国語の記述などが最たるものです）。評価の枠組みを示さず、事後的に「あなたの『思考・判断・表現』は『もう少し』でした」などと評価するのではなく、評価づけをする前に目標や基準を示すこと。これは家庭でも同じく重要なことです。

子どもたちは、「知識・技能」「思考・判断・表現」「主体的に学習に取り組む態度」のそれぞれについて、これらが「具体的に」どのような力を表しているのかを知っているのでしょうか。そして何より、自分たちの言語活動の何が「知識・技能」「思考・

判断・表現」「主体的に学習に取り組む態度」の評価対象になっているのかを知っているのでしょうか。

今、現場では「指導と評価の一体化」が目指されています。指導（つまり授業活動）と評価をつなげて、きめ細やかに子どもの言語能力（話す・聞く／書く／読む）の伸長を見取っていこうということです。しかし実際は、学期終わりに子どもが通知表を持ち帰ってきても、**子どもも親も評価基準や評価対象がわからず、「あぁ、『よくできる』が増えたね」「『もう少し』がついてるじゃないか、がんばりなさい」くらいのフィードバックしかできないのが実態ではないでしょうか。**

実はこのあたりの評価の仕方については、**「主体的に学習に取り組む態度」の「主体性」の議論も含めて現場では混乱しています。**定義づけも評価基準も曖昧なものが多いので、現場でも探り探り評価に落とし込んでいるという状況なのです。

また、評価は一国・一教科の議論にとどまらないという側面にも目を向ける必要があります。ご存じの方もいるかもしれませんが、２０１８年に実施されたＰＩＳＡ

[図2] PISAにおける日本の順位（全参加国・地域中）

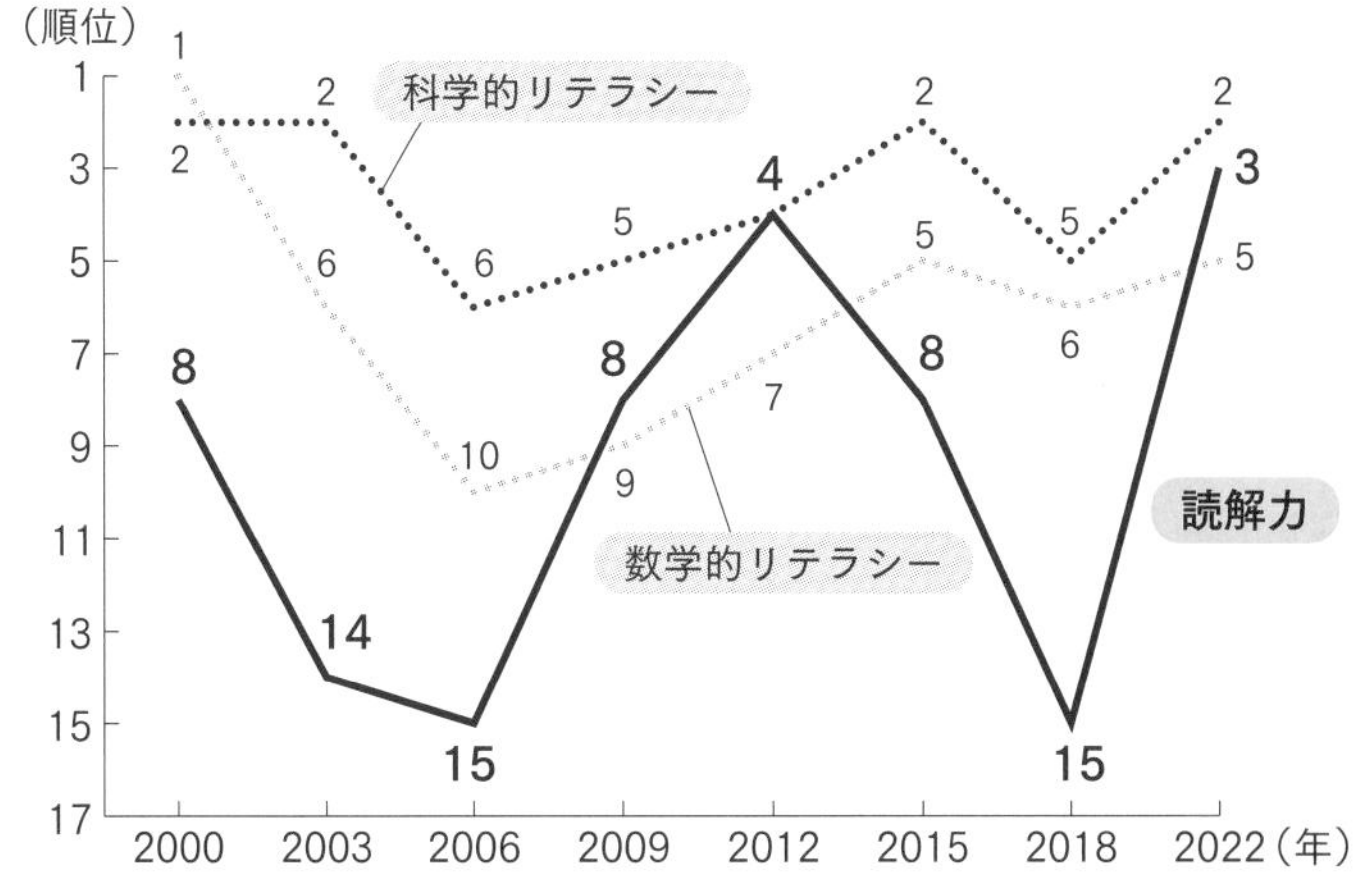

（出典）国立教育政策研究所　OECD生徒の学習到達度調査（PISA）をもとに作成
https://www.nier.go.jp/kokusai/pisa/index.html

（Programme for International Student Assessment：OECD生徒の学習到達度調査）において、日本の「読解力」が前回調査時より順位を落とし（15位）、２０２２年の調査では持ち直す（３位）ということがありました（図２）。もはや読解力一つ取っても、国語科のみならず、多様な文脈で評価され得るということです。**今、家庭や学校で目指されている「国語力」は果たして国際基準とどの程度合致しているのか、という視点も必要になってきます。**

格差を広げる？　高校の国語科カリキュラム

次に、昨今の国語科のカリキュラムについて見ていきましょう。
今回は変化をわかりやすく提示するために、保護者世代との違いが明確な「高校カリキュラム」を例にその違いを示します。

高校では2022年度に新しい学習指導要領が施行され、国語に関しては科目名と内容が大きく変わりました。図3の右側が改訂前、左側が改訂後の科目名です。たとえば、改訂前の「国語総合」では、現代文と古典が一つの科目にまとめられ、週4コマの中で教えるようになっていましたが、改訂後は評論文や説明文は「現代の国語」として週2コマの科目になり、評論文以外の小説（近現代文学）や詩歌、古文、漢文などは「言語文化」という科目として週2コマで教えることになりました。

私は私学教員ですが、各公立校の高校カリキュラム・科目選択がどうなっているのかに興味があります。伝え聞くところによると、必修の「現代の国語」「言語文化」を

［図3］高校の新カリキュラムの科目編成

改訂後

科目	標準単位数
現代の国語※ 【説明的文章・実用文】	2
言語文化※ 【文学的文章・古典等】	2
論理国語	4
文学国語	4
国語表現	4
古典探究	4

改訂前

科目	標準単位数
国語総合※	4
国語表現	3
現代文A	2
現代文B	4
古典A	2
古典B	4

※は必履修科目

（出典）東京書籍『ニューサポート特別号　新学習指導要領　高校国語』(2018.4) をもとに著者作成

はじめ、選択科目の「論理国語」「文学国語」「国語表現」「古典探究」なども減単したり増単したり（標準の単位数よりも割り当てる単位数を減らしたり増やしたり）しながら、2科目・3科目を取っていく学校が多いようです。あるいはこれらの選択科目すべてを取ることは不可能なので、学校設定科目として統合する学校もあると聞いています。こうした単位時間数の制約は国語の教育に大きく影響を及ぼします。

ちなみに灘校はどうなのかというと、もちろん高校としてのカリキュラムはきちんとあります。ただ、灘校に限らず中高一貫の進学校というのは、得てして中3から1年前倒しで授業を組んでいますから、高1必修2単位の「言語文化」も中3の単位を活用して教えられます。中学校の授業で「言語文化」の教科書を使った授業を行えるということです。

そう考えてみると、ますます**中高一貫校で学ぶ生徒と、高校の枠だけでやらなければならない生徒との間の格差は広がる**だろうと思います。特に「言語文化」は古典のみならず、文学や詩歌などすべて入りますから週2コマでは実施しづらいわけですが、一貫校は1年前倒しで中学から学べるので余裕があります。また、その時間的余裕は高校に入ってからも続き、灘校では文理を問わず、論理国語・文学国語・古典探究をフルセットで取ることができます。こうしたことも「灘校はいいですね」という話ではなくて、公立の場合はどのような選択肢が考えられるのかということについて、目標とカリキュラムのセットという視点で考えていかなければいけません。

小学校に話を戻すと、現行の国語科カリキュラムの大きな特徴として、実社会との関わりを重視すること（実用文や図表の読み取り）、情報・書写・他科目との関わりを持つこと、また、語彙《ごい》指導や学習プロセスを明確にすることなどが挙げられます。

また、探究学習との関連が目指されている点も特徴です。もちろん、国語科という教科固有のものの見方や考え方はあり、国語科固有の知識体系を深めていく必要はありますが、一方で国語科の中には、言語リテラシーをはじめ、全教科に通じる普遍的なスキルというものもあります。したがって、**児童は各教科固有の知識を探究するだけでなく、教科を問わない汎用的能力を駆使しながら教科横断でも学習していくという、二段構えで学習していくことになる**のです。

しかし、これらを具体化して実践していくのは容易なことではありません。新しい時代を生きる子どもたちが育むべき「国語力」とはどのようなものかと考えたときに、私が参考としているのが**「国際バカロレア（International Baccalaureate：IB　以下、IB）」**です。

世界標準の教育プログラム「国際バカロレア」

皆さんの中にはＩＢという言葉を聞いたことがある方がいるかもしれません。近年は日本でもＩＢ認定校が増え、一般の学校でもＩＢの教育プログラムや教育手法を参考にしようという動きが出てきています。また、国内でＩＢ入試を導入する大学も増えてきました。

国際バカロレア機構（１９６８年発足）はスイスのジュネーブに本部を置く教育機関で、さまざまな学齢に応じて、いくつかの国際的な教育プログラムを提供しています。同国内には国際機関が数多く存在していますが、かねてそのような国際機関の職員の子どもたちが、親の転勤等に左右されずに一貫した教育を受けるためにはどうすればいいのかという議論がありました。国際機関に勤務すると、母国に帰国することもあればまた別の国に出向することもあります。当然、国によって教育プログラムのあり方は異なりますから、子どもたちの教育の一貫性は保障されないことになります。それならば、いっそのこと国境を越えてどの国に行っても一貫性のある教育を受けられるように、**世界標準規格の教育プログラム**をつくろうという機運が高まりました。これが、ＩＢ誕生の発端です。

ＩＢには四つのプログラムがあります。**初等教育（小学校教育）課程にあたるＰＹＰ**（Primary Years Programme）、**前期中等教育（中学校教育）課程にあたるＭＹＰ**（Middle Years Programme）、**後期中等教育（高校教育）課程にあたるＤＰ**（Diploma Programme）、そして**キャリア関連教育を担うＩＢＣＰ**（Career-related Programme）です。日本で主に認定されているのは**ＰＹＰ、ＭＹＰ、ＤＰ**の三つのプログラムです。

ＩＢは国際機関に勤める職員の子どもたちのことだけを考えてつくられたわけではありません。第2次世界大戦のような世界的な紛争を、教育の力で二度と繰り返さないようにしようという願いから、その使命として**「世界平和」**を掲げています。また、紛争や戦争を起こさない学習者を育成すべく、**「国際的な視野を持つ人間」**を目標としています。世界平和を実現するためには、**異文化理解・他者理解**が前提になります。

自分とは異なる文化や価値観を排除せず、そうした文化や価値観のありようを多角的・多面的に理解していかなければなりません。そのためには、自分の考え方や先入観すらも相対化して分析していかなければならないのです。

そのためにつくられたのが円形で表されたプログラムです。図4はDPプログラムと10の学習者像を表したものです。円の一番中心には目指すべき学習者像が示されていいます。これはIBが価値を置く人間性を10の人物像として表したもので、**①探究する人、②知識のある人、③考える人、④コミュニケーションができる人、⑤信念をもつ人、⑥心を開く人、⑦思いやりのある人、⑧挑戦する人、⑨バランスのとれた人、⑩振り返りができる人、という10の人物像**です。

[図4] IBのDPプログラムと10の学習者像

IBのDPプログラム

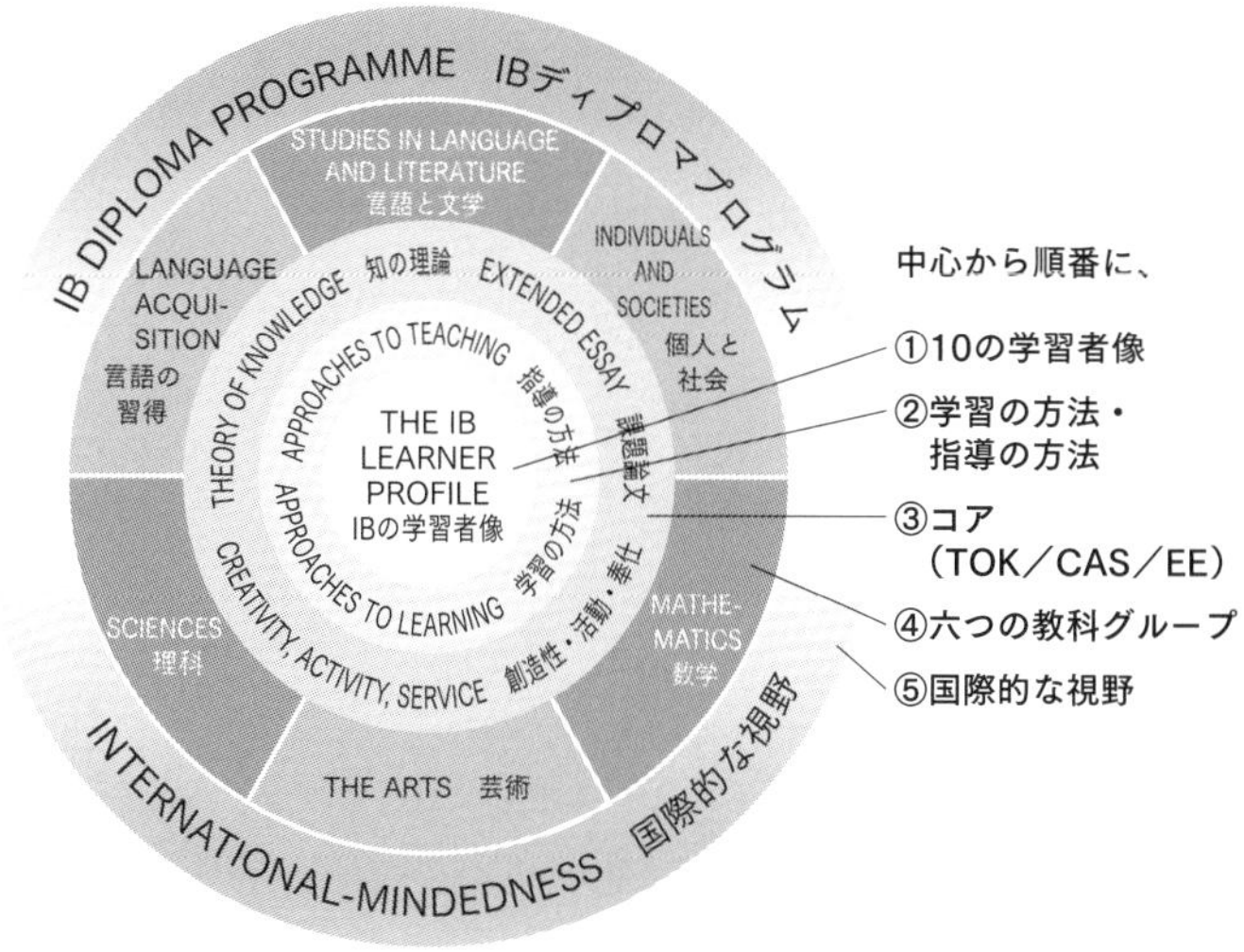

10の学習者像

探究する人　INQUIRERS	心を開く人　OPEN-MINDED
知識のある人　KNOWLEDGEABLE	思いやりのある人　CARING
考える人　THINKERS	挑戦する人　RISK-TAKERS
コミュニケーションができる人 COMMUNICATORS	バランスのとれた人　BALANCED
信念をもつ人　PRINCIPLED	振り返りができる人　REFLECTIVE

（出典）文部科学省　IB教育推進コンソーシアム、国際バカロレア機構をもとに作成
https://ibconsortium.mext.go.jp/about-ib/
https://ibo.org/benefits/learner-profile/

次に**「学習の方法」**と**「指導の方法」**が規定されています。これは国語や算数といった教科ごとの学び方ではなく、教育の根幹となる全教科共通の「学習の方法」と「指導の方法」を表したものです。これがなければ、世界のどこに行っても同じ教育を受けられる仕組みが成り立ちません。「学習の方法」では、次の五つのスキル

- **思考スキル**
- **リサーチスキル**
- **コミュニケーションスキル**
- **社会性スキル**
- **自己管理スキル**

が規定されており、「指導の方法」では次の六つが示されています。

- **探究を基盤とした指導**
- **概念理解に重点を置いた指導**

- **地域的な文脈とグローバルな文脈において展開される指導**
- **効果的なチームワークと協働を重視する指導**
- **学習への障壁を取り除くデザイン**
- **評価（形成的評価および総括的評価）を取り入れた指導**

学習も指導も、その方法が特定の教科に限定されていない点が特徴です。

さらに外側には、教科のベースとして学際的な**三つのコア**が並びます。

- **知の理論（TOK：Theory of Knowledge）**
- **創造性・活動・奉仕（CAS：Creativity, Activity, Service）**
- **課題論文（EE：Extended Essay）**

学際的に知識を探究し批判的思考《クリティカル・シンキング》を培う**TOK**、経験学習を通じて創造的思考や振り返り《リフレクション》を学ぶ**CAS**、そして各教科の学びの集大成として執筆する**EE**です。

コアの外側、四つ目にようやく**六つの教科グループ**が示されます（図5）。

[図5] 六つの教科グループ

グループ1	グループ2
言語と文学(母国語)	**言語習得(外国語)**
科目名: 言語A:文学 言語A:言語と文学 言語A:文学と演劇(SLのみ)(※)	科目名: 言語B 古典言語 初級言語(SLのみ)

グループ3	グループ4
個人と社会	**理科**
科目名:地理、歴史、経済、ビジネスと経営、情報テクノロジーとグローバル社会、哲学、デジタル社会、心理学、社会・文化人類学、グローバル政治、世界の宗教(SLのみ)、環境システムと社会(※)	科目名: 生物、化学、物理、コンピュータ科学、デザインテクノロジー、スポーツ・エクササイズ・健康科学、環境システムと社会(※)

グループ5	グループ6
数学	**芸術**
科目名: 数学:解析とアプローチ 数学:応用と解釈	科目名: 音楽、美術、ダンス、フィルム、演劇、文学と演劇(SLのみ)(※)

※…「文学と演劇」はグループ1と6の横断科目。「環境システムと社会」はグループ3と4の横断科目。

DP生は、六つのグループから各教科ずつ選択し、6科目を2年間で学習。6科目のうち、3〜4科目を上級レベル(HL〈Higher Level〉、各240時間)、その他を標準レベル(SL〈Standard Level〉、各150時間)として学習します。

(出典) 文部科学省　IB教育推進コンソーシアム「DP(ディプロマ・プログラム)とは」をもとに作成
https://ibconsortium.mext.go.jp/about-ib/dp/

そして理念上はこれら四つを深く理解し学んだときに、**「国際的な視野を持つ人間」**に達するわけですが、それがゴールとして最も外側に示されています。

このように、**目標・方法・教科が同心円状に広がっているつくりがIBの特徴**です。

IBでは「総合学習だから国語と英語をつなごう」という発想はしません。目標やゴールが中心にあり、それを達成するために普遍的な学習方法・指導方法を使って教科が突き詰められていく。**それぞれの教科は縦割りに存在しているのではなく、目標を根にして初めからつながっているものなのだという考え**なのです。

ここが変だよ　日本の国語科教育

ＩＢ教育をむやみに礼賛する必要はありませんが、こうして日本の教育とＩＢ教育を比較してみると、日本の国語科教育の特徴や偏りが見えてくるのではないでしょうか。こうした特徴・偏りは日本だけを見ていると気づかないものです。

まず、**日本では教育の目標が学校ごとであったり、教科ごとであったり、多様であ****る**ということです。ある意味、その学校・その教員の裁量に合わせて、自由に目標設定ができる面もありますが、その反面、目標が複雑化してしまったり、学校単位、あるいはそこに集う教員間の共通認識の持ちづらさにつながったりすることもあります。

次に、ＩＢがプログラムの第２層で掲げているような、**全教科に通じる「学び方」「教え方」は誰が請け負うのか**、ということです。日本で教員が受ける研修は教科別が多いですが、国語科の方法、数学科の方法と縦割りで考えてしまうと、それぞれが分業的に捉えられてしまったり、子どもが本来身につけるべき学習の方法や教員が心得るべき指導の方法が矮小化されたりしてしまいます。小学校は専科だけでなく、全科での教育が残っているので、そこでの知見を中学・高校の現場が引き継ぐことも必要になると考えています。

最後は**「資質・能力」の定義が曖昧である**ということです。「思考・判断・表現」とは何か、「主体性」とはどのようなものか、という定義が不明瞭なのです。一方、ＩＢではスキル等の定義が日本より明確で、評価枠（特にプレゼンテーションやエッセイなど、数値化できないものを評価する際の評価基準）もしっかりしています。これは、どの国でも同じ水準で教育を提供しなければならないというＩＢの事情が影響していますが、ここから日本が学ぶことは多いと思います。

これまで見てきたとおり、日本の学校教育は、良くも悪くも独自の特徴を持っており、現代はそれが目まぐるしく変化している状況下にあります。その中で、私たちは国語というものを捉えるにあたって、学校で、あるいは家庭でどのようなことに目を向ければいいのでしょうか。次章では、加藤紀子さんとともに具体的な国語の諸相を対話形式で考えていきます。

第1章

国語力が伸びる！子どもの学びとのかかわり方

「子どもの国語の成績で悩んでいるけれど、何をしたらいいのかわからない」

第１章では、子どもの国語力を伸ばすために保護者の方に知っておいてほしいポイントを、六つの観点から対話形式でお伝えします。

1 「国語力がある」とはどういうこと？

学校と家庭における国語力のズレ

今、世間では「国語力が大事」だと言われています。大学入学共通テスト*では国語に限らずさまざまな科目の問題の分量が大幅に増え、中学・高校入試でも同様の傾向が見られます。そうした動きを受けて、「国語力が大事だと言われるけれど、じゃあ家で何をしたらいいの？」というモヤモヤを抱えた保護者はとても多いと思います。

＊独立行政法人大学入試センターと、この試験を利用する国立・公立・私立の各大学が共同実施する大学入学試験。２０２１年度より実施。

最初に井上先生にうかがいたいのですが、国語の知識ベースの〝ペーパー〟テストで点数が取れる子というのは、つまり国語力があるということなのでしょうか？

学校の中で「国語力がある」と言うときには、やはり点数が先立ちます。ただ、**学校のテストや受験で点数化できるような国語力は、日常生活で求められる国語力とは違って限定的**なんですね。

どういうことでしょうか。

皆さん、日常生活で求められる国語力のすべてを「学校教育」で育めるとは考えていないと思います。でも目の前には入試があり、日常生活の国語力の多くが入試では求められないという部分がありますから、まずは**目の前の「受験」というハードルをクリアするために、点数化できる国語力を伸ばそうとする**わけですよね。

それに加えて、「点数化できる国語力があれば、日常生活の国語力も高いのではないか」という思い込みも持たれているかもしれません。

確かに、点数化できる国語力が高ければ、日常生活の国語力も高まりそうな気がします。

受験勉強をがんばれば、日常生活で求められる語彙力や表現力などが身につくと考えてしまいがちですが、そうとも言い切れません。**実際、テストでは点数を取れてもコミュニケーション能力が低い子はたくさんいます。**

受験産業では「こうやったら点数が取れるよ」というテクニックを教えているわけですよね。

そうです。たとえば国語の（ペーパー）テストでは点数が良くても、「自分の体験をもとに自分の意見を書きましょう」という課題で書けない生徒はいますし、「自分の言葉で自分の考え方をプレゼンテーションしましょう」という課題ができない生徒もいます。

学校のテストや受験の点数が取れることと、日常生活の国語力が高いことの相関関係がゼロだとは言えませんが、イコールではありません。そのズレの部分を学校と家庭で埋めていく必要があります。中には、自分の力で表現力や文章力を磨いていける子もいますが、教員の目から見ても明らかに追いついていない生徒もいるので、そこにテコ入れするのが学校の役割です。

読む力と書く力は必ずしも比例しない

本が好きでたくさん読んでいても、学校の国語の成績は振るわないし、作文のコンクールなどでも選ばれたりすることがない子がいます。これはなぜでしょうか？

そもそも、読む力と書く力は比例しないのですね。たとえば学校のテストで求められる読む力は、問題文の読解のみならず、問い自体の読解力も含みます。問題文が読めても、問いが読めなければ正確に書くことはできません。また、所定の問題文や問いに対して答える力があっても、自力で問いを立て、表現する力がなければ作文やエ

ッセイは書けません。このように、読む力、書く力にもそれぞれ広がりがあるのです。

それと、読書が好きな子は、おそらく自分なりの理解で読み解いていると思うのですが、その読み方が必ずしも学校のテストや受験で求められる読み方とは整合していない、ということも言えますか？

受験における正しい読み方とは、「書き手の論理を理解した上で、書かれた文章を根拠づけながら読むこと」、つまり目の前の言語情報を正確かつ客観的に読み解いていくことです。ですから、たくさん本を読んでいる子でも、その子独自の主観的な根拠や論理で理解しているのであれば、それは受験で求められる読む力とは異なる可能性があります。

でも、その子なりの楽しい読み方を持っているのであれば、それは壊さないであげたいという親心はあります。

おっしゃるとおり、**読書の入り口として「楽しさ」はとても大切です。**そこで心が折れてしまったら読書に目が向かなくなってしまいます。最初は読む楽しみを体感しつつ、学校の授業でほかの人の読み方にも触れながら、自分の読み方を広げていくような取り組みが必要です。

ＩＢの言語や文学の教育は、「根拠がちゃんと説明できたら、どんな意見や主張を展開してもいい」というものですよね。本来はそういう形がいいのでしょうか。

はい、本来的には知識や思考力のみならず、そうした表現する力も評価できることが望ましいと思います。ただ、ＩＢは10人とか15人規模のクラスの中で成立している部分があるので、日本のように、クラス規模が40～50人になると全員の意見を吸い上げ、フィードバックすることは困難です。確かに、児童生徒の意見を集約するツールとして、Googleフォームやロイロノートなども活用されるようになってきました。しかし、実際に全員の意見を共有できたとしても、ほかの意見をしっかり読み、噛み砕いて理解する時間を確保しないといけないので、いずれにしても時間のかかる作業

ですよね。

公立学校の場合は1年間のシラバスと年間の教材が決まっていて、ギリギリの時間内で取り組んでいる部分があるので、形式的には共有できていたとしても、本質的に児童生徒の読む力、書く力の向上に資するものになっているかというと、学校によりけりなのではないかと思います。

国語力と日本語力はイコールではない？

よく保護者の方とお話しすると、皆さん、子どもの国語力に一番課題を感じていると言います。算数や理科なら答えが明確ですから、ドリルを買ってきて学習させたり公文などの教室に通わせたりすることを思いつきますが、国語についてはどうすればいいのかわからないみたいで、いろいろな悩みが寄せられます。
日常生活の中で感じる子どもの国語力と、子どもの学校の国語の成績が一致しているのかどうかが保護者にはわからないのかもしれません。

たとえば**日常生活の中で感じる子どもの言語能力のつたなさは、国語力というよりは「日本語力」の問題もあります。**

国語力と日本語力は異なるのでしょうか？

「日本語力」は、日本語を母語としない方の言語能力に対して使うこともありますが、広く日常生活の中で言語をどのように使いこなせているかという「言語運用能力」を示すときにも用います。一方、「国語力」は所定の文章や課題に対しての読み書きの力や話す力に重点が置かれています。たとえば語彙が不足している場合、それはどの領域のボキャブラリーが足りていないのかを確認すると、課題がつぶさに見えてきます。保護者の方が「うちの子は国語力がなくて」と言う場合には、国語のテストで点数が取れなかったり、学校での国語の成績が思わしくなかったりすることを言っている場合が多いと思います。

あと、作文が書けないことや課題がこなせない、漢字を覚えない、などもあります

ね。普段の生活ではことさら日本語に問題があるようには感じなくても、学校のテストの結果を見ると、なんでうちの子はこんなに国語ができないんだろう……と思ってしまうのでしょう。

日常生活の国語力と受験の国語力を二分法で考えない

多くの保護者は、子どもに楽しみながら国語力を伸ばしていってほしいと考えています。とはいえ、節目で入試みたいなものが来るわけで、日本にいる限りはどうしても国語に関しては点数で評価されてしまう現状があります。

点数を取るために国語を勉強することと、国語を楽しんでやることは、両立できるものなのでしょうか。それともこの二つは切り分けて、点数を取るための勉強はしないといけないのでしょうか。

前提として、**日常生活の国語力と受験で求められる国語力を二分法で考えない**ことがとても大切です。日常生活の国語力は「社会で生きる国語力」とも言い換えられま

すが、受験をほったらかしにして「社会で生きる国語力」だけを教えようとすると子どもは誰も聞かなくなってしまうので、ここは絶対に両立させないといけません。

「社会で生きる国語力」と言われても、子どもは「もう日本語は喋れるし」と思ってしまうかもしれませんね。

学校によっては、受験の国語は塾や予備校に任せるという方針のところもあります。私の授業では、受験が土台にあり、そこから領域を広げていって、子どもが「社会で生きる国語力」を学ぶための動機づけをすることを重視しています。

もちろん、「テストで点を取りたい」というお子さんなら、否定せずにむしろ応援してあげるスタンスで構いません。でも、**せっかくだからもっと楽しく、社会につながるように学びを広げていこうよ、というメッセージをお子さんに伝えてあげてほしいですね。**

POINT！

- 点数化できる国語力は、日常生活で求められる国語力の一部
- 受験における正しい読み方は「書き手の論理や根拠を客観的に理解しながら読むこと」
- 子どもの国語力の課題は言語生活から見極める
- 日常生活の国語力と受験の国語力は両立させる

2 子どもの国語力の課題を見つけるには？

小学校の通知表はどう変わった？

小学校は2020年度から新しい学習指導要領になり、学力の評価の観点が「知識・技能」「思考・判断・表現」「主体的に学習に取り組む態度」の三つに分かれました。うちの小学生の息子が持ち帰ってきた通知表を見ると、国語・社会・算数・理科と教科が分かれていて、それぞれの横軸には「知識・技能」「思考・判断・表現」「主体的に学習に取り組む態度」の3観点があり、縦軸には「よくできる」「できる」「もう少し」と尺度が示されています（図6）。

しかし、「もう少し」とはどのような意味においてなのか、「よくできる」と「でき

▼［図6］小学校の通知表（例）

教科	評価の観点	内容	よくできる	できる	もう少し
国語	知識・技能	国語の知識や技能を身につけ、我が国の言語文化に親しみ、理解することができる。			
	思考・判断・表現	筋道を立てて考える力や想像力を養い、伝え合う力を高め、思いや考えを広げられる。			
	主体的に学習に取り組む態度	言葉がもつよさを認識し、進んで読書をし、思いや考えを伝え合おうとする。			
社会	知識・技能	日本の国土や産業、情報化と国民生活との関連を理解し、資料を調べまとめている。			
	思考・判断・表現	日本の国土と産業に関する社会的事象の意味について考えたことを適切に表現する。			
	主体的に学習に取り組む態度	日本の国土と産業の社会的事象について、進んで問題を解決し、生活に生かそうとする。			

る」の境界線は何なのか、子ども本人には絶対にわかりませんし、保護者である私にもわかりません。ひょっとすると、小学校の教員もわかっていないのではないかと思います。

特に最近は、**学習指導要領が変わってからなのか、評価が厳しめになっていると聞きます。**「よくできる」があまりつかなくなったとも言われていて、そうなると親としては「なんでこんなに成績が悪

いの？」と、つい子どもにいろいろ言ってしまいたくなるかもしれません。

それと、そのような評価のあり方では、子どもたちが勉強に苦手意識を持ってしまうのではないでしょうか。

そうですね。小学校にもよるでしょうが、だいたい「できる」にしておいて、「よくできる」と「もう少し」で平均的にするイメージではないかと思います。結局、教員も国語力のゴールがわからないので差がつけられないのです。通知表の3観点の横には内容も示されていますが、指導要領の内容をコピー&ペーストしただけのものも少なくなく、具体性がありません。具体的なゴールが見えないから子どもにフィードバックのしようもなくて、結果的に点数化されている部分ばかりがフォーカスされてしまうのだと思います。

日本の学校教育の評価は「後出し方式」

子どもの国語の通知表を見たときに、親はどう捉えればいいのでしょうか。

評価の観点と内容の趣旨を教員と保護者がよく理解し、その時点での習熟度や到達度を理解した上で子どもにフィードバックすることが大切です。そのためには、子どもの活動がどの観点に対応しているか、「よくできる」「できる」「もう少し」の意味は何かを明らかにしなければなりません。個人面談で確認するのも手だと思います。

そもそも、子どもにとって何が課題なのかを学校は教えてほしいですよね。

おっしゃるとおりです。教員は児童のクラスでの様子や特別活動でがんばったことなどは書いてくれますが、各教科の3観点上の課題については具体的に明記してくれません。ですから、何をどう改善すればいいのか振り返りのしようもない、形式的な通知表になってしまっています。

そうすると、家庭ではどのようにして子どもの課題に気づいてあげればいいのでしょうか。

[図7] 各教科における評価の基本構造

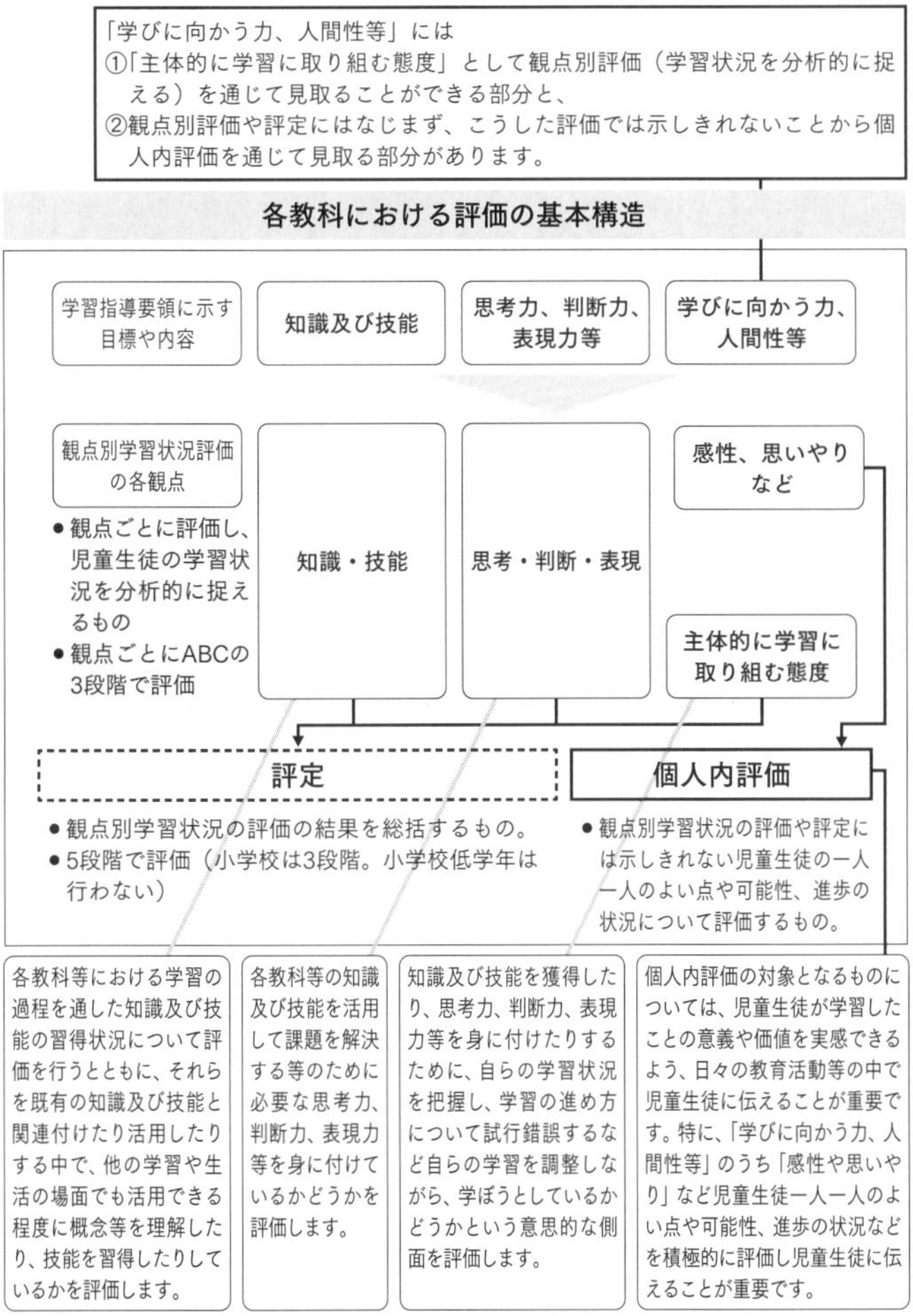
「学びに向かう力、人間性等」には
①「主体的に学習に取り組む態度」として観点別評価（学習状況を分析的に捉える）を通じて見取ることができる部分と、
②観点別評価や評定にはなじまず、こうした評価では示しきれないことから個人内評価を通じて見取る部分があります。
各教科における評価の基本構造
学習指導要領に示す目標や内容
知識及び技能
思考力、判断力、表現力等
学びに向かう力、人間性等
観点別学習状況評価の各観点
●観点ごとに評価し、児童生徒の学習状況を分析的に捉えるもの
●観点ごとにABCの3段階で評価
知識・技能
思考・判断・表現
感性、思いやりなど
主体的に学習に取り組む態度
評定
●観点別学習状況の評価の結果を総括するもの。
●5段階で評価（小学校は3段階。小学校低学年は行わない）
個人内評価
●観点別学習状況の評価や評定には示しきれない児童生徒の一人一人のよい点や可能性、進歩の状況について評価するもの。
各教科等における学習の過程を通した知識及び技能の習得状況について評価を行うとともに、それらを既有の知識及び技能と関連付けたり活用したりする中で、他の学習や生活の場面でも活用できる程度に概念等を理解したり、技能を習得したりしているかを評価します。

各教科等の知識及び技能を活用して課題を解決する等のために必要な思考力、判断力、表現力等を身に付けているかどうかを評価します。

知識及び技能を獲得したり、思考力、判断力、表現力等を身に付けたりするために、自らの学習状況を把握し、学習の進め方について試行錯誤するなど自らの学習を調整しながら、学ぼうとしているかどうかという意思的な側面を評価します。

個人内評価の対象となるものについては、児童生徒が学習したことの意義や価値を実感できるよう、日々の教育活動等の中で児童生徒に伝えることが重要です。特に、「学びに向かう力、人間性等」のうち「感性や思いやり」など児童生徒一人一人のよい点や可能性、進歩の状況などを積極的に評価し児童生徒に伝えることが重要です。

（出典）文部科学省　国立教育政策研究所教育課程研究センター
「学習評価の在り方ハンドブック　小・中学校編」p.6
https://www.nier.go.jp/kaihatsu/pdf/gakushuhyouka_R010613-01.pdf

[図8] 評価の観点の趣旨（小学校国語）

観点／学年	知識・技能	思考・判断・表現	主体的に学習に取り組む態度
第1学年及び第2学年	日常生活に必要な国語の知識や技能を身に付けているとともに、我が国の言語文化に親しんだり理解したりしている。	「話すこと・聞くこと」、「書くこと」、「読むこと」の各領域において、順序立てて考える力や感じたり想像したりする力を養い、日常生活における人との関わりの中で伝え合う力を高め、自分の思いや考えをもっている。	言葉を通じて積極的に人と関わったり、思いや考えをもったりしながら、言葉がもつよさを感じようとしているとともに、楽しんで読書をし、言葉をよりよく使おうとしている。
第3学年及び第4学年	日常生活に必要な国語の知識や技能を身に付けているとともに、我が国の言語文化に親しんだり理解したりしている。	「話すこと・聞くこと」、「書くこと」、「読むこと」の各領域において、筋道立てて考える力や豊かに感じたり想像したりする力を養い、日常生活における人との関わりの中で伝え合う力を高め、自分の思いや考えをまとめている。	言葉を通じて積極的に人と関わったり、思いや考えをまとめたりしながら、言葉がもつよさに気付こうとしているとともに、幅広く読書をし、言葉をよりよく使おうとしている。
第5学年及び第6学年	日常生活に必要な国語の知識や技能を身に付けているとともに、我が国の言語文化に親しんだり理解したりしている。	「話すこと・聞くこと」、「書くこと」、「読むこと」の各領域において、筋道立てて考える力や豊かに感じたり想像したりする力を養い、日常生活における人との関わりの中で伝え合う力を高め、自分の思いや考えを広げている。	言葉を通じて積極的に人と関わったり、思いや考えを広げたりしながら、言葉がもつよさを認識しようとしているとともに、進んで読書をし、言葉をよりよく使おうとしている。

（出典）文部科学省　小学校，中学校，高等学校及び特別支援学校等における児童生徒の学習評価及び指導要録の改善等について（通知）〔別紙4〕
https://www.mext.go.jp/component/b_menu/nc/__icsFiles/afieldfile/2019/04/09/1415196_4_1_2.pdf

子どもが持ち帰ってくるテストの多くは数値化されていますが、**「話すこと・聞くこと」「書くこと」「読むこと」の3領域は観点上、「思考力」に入ります**（図8）。つまり、「主体性」や「判断力」「表現力」などについては、何をもとに評価されているのかよくわからないのですね。これらは教員が児童に対してどの活動をもとに評価するのかを事前に伝えてあげなければなりません。でも日本の場合は、テストをやって採点して返して、「実は評価の基準がこうでした」と、評価が後出しになっている部分があります。文章題の記述式の問題もそうで、答案が△だらけの児童も少なくありません。

一方、**IBの場合は、言語活動を評価するときに必ずその評価の観点を事前に児童に示します。**基本的に何かを書いたり表現したりするときには、評価に代わるルーブリック*が事前に提示されて、児童はそれを理解し、念頭に置きながらその課題に向き合います。

＊ある課題について達成してもらいたい事項を示した評価ツール。

IBではそのような評価の仕方が一般的なのですか？

そうです。これは目標―評価―活動の順で授業をつくる「逆向き設計論」[*]が背景にあるからです。

＊アメリカのウィギンズとマクタイが提唱した、目標からさかのぼる形でカリキュラムを設計する理論。

国語の読み書きに関する「暗黙のルール」

国語の評価に関しては、私もいくつか疑問に思うことがあります。

たとえば「表現力」で言うと、「〜を抜き出しなさい」という指示に対して、答えがわかっているのに抜き出さずに自分の言葉で言い換えてしまうと「×」がつけられる、と聞いたことがあります。でも、親としては「〇」をあげたい。だって本人が自分の言葉で言い換えただけで、正解と意味は変わらないし、語彙の使い方も間違っていないわけです。それなのに子どもが「表現力がない」と評価されるのであれば、評価の仕方が間違っているのではないかと思うこともあります。学校教育の現場では、こういうことは一般的なのでしょうか。

国語の読み書きには「暗黙のルール」がたくさんあります。教員側は常識としてわかっていることでも、児童が知らない「暗黙のルール」が、ほかの教科に比べるとたくさんあるのです。**その一つが、「設問の指示は絶対だ」というものです。**

たとえば、**問題文に「どういうことか」とあるときは、「抽象的かつ一般的に説明しなさい」という問いです。**一方、**「どのようなことか」とあれば、「具体例を入れて答えてもいいですよ」という意味なのです。**でも、児童にとっては「どういうことか」も「どのようなことか」も区別がつきませんし、どっちでもいいと思っているのではないかと思います。

このように、読み書きを取り扱うという教科上の特性から「設問を正しく読み、指示どおり答えているか」ということに対しては厳密に判定される傾向があります。

そのようなルールがあるのであれば、先に教えてほしいですよね。

ごもっともです。**児童に対して事前にルールが示されていないがゆえに、自分の言葉を使ってしまったり具体例を入れてしまったりして「×」がつけられる、という事態が起こる**わけですね。

そのようなルールを、親は誰に聞けばいいのでしょう。教員に？

本来であれば、そうした暗黙のルールは教員が児童に対して事前に説明するべきなんですよね。

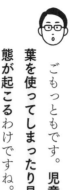

たとえば「わかりやすく説明しなさい」なら、「わかりやすく」の意味を説明しなければなりません。「わかりやすい」とは誰にとってわかりやすいことを示しているのか、採点者か回答者か。解はどちらでもなく「本文を読んでいない人」なのですが、こうしたことを最初に教員が児童に説明しなければなりません。

また、「解答に自分の言葉をどの程度使うか」という点で言えば、基本的に本文の言葉が最優先で、本文の言葉で括弧がつけられるような用語は必ず説明を加えないといけません。そのまま括弧つきで抜き出して入れたり、括弧を取って書いてしまったりすると、その段階で説明不十分になります。

このように、**国語にはルールがたくさんあるので、まずは今ご紹介したものから親子で確認してください。**

ルールを示してくれれば、子どもが幼いうちからでも、物事を論理的に整理する訓練が家庭でできますよね。

そうですね。特に日常生活の中には多義的な表現が多くあります。たとえば先ほどの「どういうこと」なども多義的な言葉です。

「こんな大事な日に遅れて来るなんてどういうこと？」と言われたとき、これは「こういう事情で遅れました」と理由を問われているのかもしれないし、「すみません」という謝罪を求められているのかもしれない。「どういうこと」や「どのようなこと」といった多義的な言葉に関しては、理由や手段、目的などを補足しながら、「誰が」という主語も入れて、状況を知らない人でもその文章を読んで理解できるように書かなければならない、という鉄則があります。**「わかりやすさ」は日常生活にもつながってくる部分があるので、決して受験だけの話ではありません。**

「学び方」を学ぶＩＢの5スキル

保護者が子どもの国語の課題を発見するためには、何が足りないのかを見つけ出すための観点が必要になると思いますが、いかがでしょうか。

そのとおりです。「話すこと・聞くこと」「書くこと」「読むこと」の3領域だけであれば話は簡単ですが、実際に世の中でどのような力が必要なのかをある程度観点としてわかっていないと、親は子どもに対して「ここがあなたの課題だよ」と言えないですよね。その一つとして、ＩＢの五つのスキルが参考になると思います。**①思考スキル、②リサーチスキル、③コミュニケーションスキル、④社会性スキル、⑤自己管理スキル**の五つです（図9）。

[図9] IBの5スキル

五つのスキル	内容
思考スキル	批判的思考《クリティカル・シンキング》、創造的思考、倫理的思考といった高次の思考スキルから低次のスキルまでを扱う。また、それらを振り返る力も含む。
リサーチスキル	情報の比較、対照、検証、優先順位づける力など。
コミュニケーションスキル	口頭および記述によるコミュニケーション、効果的な傾聴、および議論を組み立てる力など。
社会性スキル	良好な社会的関係を築いて維持する、他者の話を傾聴する、対立関係を解消する力など。
自己管理スキル	時間や課題の管理といった管理・調整スキルと、感情やモチベーションを管理する情意スキルの両方を含むもの。

（出典）International Baccalaureate Organization. *Approaches to teaching and learning in the Diploma Programme.* をもとに作成

自己管理スキルとはなんですか？

自己管理スキルとは、時間や課題などのスケジュール管理や、気持ちやモチベーションのコントロールをするスキルです。

それは国語なのでしょうか。

IBでは「学び方を学ぶ」ことが教育の基本だと考えて

おり、この五つのスキルは全教科に通底するものなのですね。先ほどの課題の管理・調整や気持ちのコントロールも、本来できなければ国語の授業は受けられないはずなのです。日本は何でも教科・科目に分けたがります。

たとえば、日本では大学で教員免許を取得するための履修コースとして教職課程がありますが、「国語科教育法」や「社会科教育法」といったように教科別に分かれています。こうした分け方はすごく日本的だと言えます。

そうなんですか。

「全教科に共通する『学び方』がある」というのがＩＢの立場です。

たとえば、**課題をしっかりとスケジューリングする、課題提出日を管理する、自分の気持ちをコントロールする、情報を調べる、といったスキルは教科を問わず必要です。**これらは、学校で学びをスタートするにあたっては全教科で統一して持っているべきスキルだとＩＢでは教えます。

これらの観点から見れば、たとえば学校のテストに慣れすぎている子のスキルは凸

凹です。仮にテストに対応するための「思考スキル」は備わっているとしても、「リサーチスキル」や「コミュニケーションスキル」「社会性スキル」などは足りないかもしれません。

確かに、学校のテストでは目の前の問題文さえ読めればいいですよね。中学受験では「問題文以外は考えるな」という風潮すらあります。「僕はこんなことも知ってるよ」と子どもが解答しても、「そんなことは本文のどこにも書かれていないよ、本文をよく読みなさい」と塾の先生から指摘を受けたりしてしまいます。

はい、**狭い範囲での思考スキルに偏重していると思います。**ほかは大人になれば何とかなると思っている。

「自己管理スキル」にしても、中学受験においては保護者が管理していますよね。

ＩＢではすべてのプログラムを通して、初等教育から十数年かけてこれらのスキルを積み上げていきます。教科ごとの学びにも取り組みますが、そのつど「今回の授業のリサーチスキルはここですよ」といったように、普遍的なスキルと同時並行で授業が行われます。

テストの点数には現れない力を後押しする

ＩＢの五つのスキルは興味深いですが、一方で指導者や親はとても大変な気がします。準備が周到でなければ授業や家庭学習が成り立たないと思うのですが、そのあたりはどうなのでしょうか。

加藤さんのおっしゃるとおり、ＩＢは到達すべきゴールが日本よりはるかに多い。高校2・3年を対象にするＤＰでは、受験対策さえしていれば文句を言われないような日本の多くの学校とは違い、スコアが形成的評価、総括的評価（150ページ参照）を組み合わせながら評価されますから大変です（図10）。

「思考スキル」にもいくつかの階層があります（図11）。図中にある「統合」や「弁証法的思考」では、知識と知識を組み合わせて新しいものを生み出すことも要求されます。ですから、「次の文章を読んで、あとの問いに答えなさい」という指導とは異なり

[図10] IB（DP）のスコア（配点表）

	グループ名	科目例	配点表
六つの教科グループ	1　言語と文学	言語A：文学、言語A：言語と文学、言語A：文学と演劇	7
	2　言語習得	言語B、古典言語、初級言語	7
	3　個人と社会	地理、歴史、経済、ビジネスと経営、情報テクノロジーとグローバル社会、哲学、デジタル社会、心理学、社会・文化人類学、グローバル政治、世界の宗教、環境システムと社会	7
	4　理科	生物、化学、物理、コンピュータ科学、デザインテクノロジー、スポーツ・エクササイズ・健康科学、環境システムと社会	7
	5　数学	数学：解析とアプローチ、数学：応用と解釈	7
	6　芸術	音楽、美術、ダンス、フィルム、演劇、文学と演劇	7
コア科目	知の理論（TOK：Theory of Knowledge）		3
	課題論文（EE：Extended Essay）		
	創造性・活動・奉仕（CAS：Creativity, Activity, Service）		
		合計点	45

※45点満点中、原則として24点以上を取得する必要がある。配点は6科目につき各7点。さらに必修要件（「コア」）について、TOKとEEの評価結果の組み合わせに応じて最大3点が与えられる（CASは評価対象外）。（出典）文部科学省　IB教育推進コンソーシアム「DP（ディプロマ・プログラム）とは」をもとに作成　https://ibconsortium.mext.go.jp/about-ib/dp/

ます。このことを考えると、**私たちは普段、「思考スキル」のごく一部しか「国語力」と呼んでいないわけです。**

日本の場合はそうですね。

「思考スキル」の下の階層には漢字や語彙などの知識の習得があり、上に行くにしたがって応用・分析・統

[図11]IBの思考スキルの階層

メタ認知	自分自身、そして他者の思考過程を分析すること。人がどのように考えるのか、どのように学ぶのかに関して思考すること。
弁証法的思考	同時に2つの、またはそれ以上の観点に関して考えること。それらの観点を理解すること。他者の知識を基に、それぞれの観点に関する議論の構築ができること。他者独自の観点をもちうることを認識する。
評価	選択された評価規準に即した判断あるいは、決断を下すこと。基準および条件。
統合	部分を、全体を作り上げること。創造、デザイン、開発そして革新すること。
分析	知識やアイデアを分解すること。構成部分ごとにわけること。関係性を見いだすこと。固有の特徴を見つけること。
応用	すでに学んだ知識を、実践的または新しい方法で活用すること。
理解	学習した教材から意味を見いだすこと。学習したことを解釈し、それを伝えること。
知識の習得	特定の事実、アイデア、語彙を習得すること。似た形式で記憶すること。

(出典) 文部科学省　IB教育推進コンソーシアム「PYP(プライマリー・イヤーズ・プログラム)とは」「PYPのつくり方:初等教育のための国際教育カリキュラムの枠組み」p.25をもとに作成
https://www.ibo.org/contentassets/93f68f8b322141c9b113fb3e3fe11659/pyp-making-the-pyp-happen-jp.pdf

合・評価と、どんどん高次になっていきます。IBでは一番下の階層から取り組みますが、1クラスが少人数だからこそできる部分もあります。

忙しい保護者にとっては難しいことかもしれませんが、**五つのスキルを身につけるためには、「今はひらがなを覚えよう」「今は漢字を覚えよう」などと、そのつどゴールを意識しておいたほうがいい、ということですよね。**

そのとおりです。**課題というのはゴールと現状の落差のことですから、ゴールの設定と現状把握なくして課題は見つけられません。**

まずはひらがなや漢字を覚えて、語彙を増やしていく。それが積もり積もって、批判的思考《クリティカル・シンキング》などの思考力を身につけるゴールにつながるということですね。ところが多くの保護者はそこを分断して捉えていて、国語のゴールを入試突破に置いてしまっています。

もちろん、**テストの点数も気になるところですが、お子さんが今、何ができていないのかと考えたときに、それ以外にもやらなければならないことがたくさんあります。**保護者にはぜひそこを見てあげてほしいのです。

とはいえ、家庭の事情や、保護者自身の得手不得手もあるでしょう。家庭でできない部分は学校に任せていただいて、家庭と学校で手を取り合って取り組んでいければいいと思います。

あと、保護者は**テストの点数には現れない「コミュニケーションスキル」**や、**子どもが好きなことに夢中になって調べているときの「リサーチスキル」などを褒めてあげる**といいですよね。「この子はテストではあまりいい点を取れないけれども、ほかの部分ではちゃんと成長しているな」というようにしっかり見てあげることも、大事な「観点」ではないでしょうか。

とても大事なことです。たとえば、子どもが「恐竜が好き」「料理が好き」と言っても、子ども自身はお金もないし、リサーチする力も十分ではない場合があります。そ

こで、**保護者が子どもの背中を押してあげて、本を買ってあげたりイベントに連れて行ってあげたりするのもいいと思います。**そうすることで、その子の「好き」という好奇心が、やがて学びにつながっていきます。

POINT！

- 国語には「暗黙のルール」がたくさんある
- 子どもの課題発見の参考になるIBの学びの「5スキル」
- ゴールと現状の落差から子どもの課題を見つける
- テストの点数には現れない子どもの力を後押しする

3 教科書や受験から読書につなげるには？

受験では「換言」と「補足」を要する文章が選ばれる

普段、授業づくりをするためにいろいろな作家の文章をたくさん読みます。自分だったら絶対に読まない本や作家との出合いがあるので楽しい作業なのですが、**実際に授業で扱う際には部分を切り取らざるを得ません。**

ひたすら前後の文脈から切り取られた文章を読み続けることって、ＳＮＳのＸ（旧Ｔｗｉｔｔｅｒ）などの投稿文を読むことにも似ていますよね。深く考えなくても目の前の文章だけに集中していればよくて、その作家が本当に言いたかったことはどうでもよくなってしまいます。これに慣れると怖いなと思います。

確かに1冊を通して読むことはありませんね。

それでも授業やテストでは全文を扱うことは難しい。ではどこを切り取るかというと、読み手の言語リテラシーを評価できる部分になります。たとえば、国語の場合は、文章のある部分に傍線を引っ張って「どういうことか」と要約させるわけですが、要約の肝というのは、換言（言い換え）と補足（付け足し）なんですね。傍線を引っ張られて「どういうことか」と聞かれたら、その傍線部自体をほかの本文の言葉を使って言い換えなければいけない。さらに、そこに「〜ので」とか「〜から」とか、「〜ため」「〜によって」など、聞かれてもいないことを補いながら説明しなければなりません。

つまり、**国語の入試の出題文には、「換言」と「補足」を要するような文章が選ばれる**わけです。抜き出すだけで説明がつくような文章だけでは問題にならないのです。

確かに、私も自分の子どもの中学受験を見ていて、すごくわかりにくい論理構成の評論文が入試に出ると感じました。「こんな文章、読み取れなくていいよ」と子どもに

何度か言ってしまったこともあります。「どういうことか」と聞かれるまでもなく、多くの人が1回読んでわかる明快な文章で書いてくれればいいのに。

その点、英語のほうが論理構成はシンプルかもしれませんね。**入試特有のあの変わった文章の論理や表現に慣れすぎてしまうと、世界標準の論理力からはかけ離れてしまう懸念があります。**

国語の文章から視野を広げる

最近の中学受験のトレンドなのかもしれませんが、受験する子どもたちとは全く異なる境遇の登場人物を描いた小説がよく入試で出題されます。そういう作品を読んでみると、現代の作家は本当にすごいと思います。メディアでは取り上げられないような貧困などの社会問題を深く掘り下げていて、一体どこで取材してきたのだろうと驚くほどにリアルに描写していますよね。親も含めて知らない世界や知らない時代に触れる機会をつくってくれています。

子どもたちには自己を知るために、自分を映し出す鏡の存在が必要です。大人数クラスの場合、一人の教師に対して子どもが40人。その子どもたちが自分を相対的に考える鏡が、一人の先生しかいないわけです。自分以外の子どもも鏡になり得るではないかと思われるかもしれませんが、私立の場合は同質性の問題があり、家庭環境も学力も似ている子が多い。

今は公立でも地域によっては家庭環境が偏っていますよね。

そうですね。**ダイバーシティや同質性の話にもなりますが、それらにメスを入れるのが国語の文章です。**時代も地域も環境も全く違う作家が、子どもが全く知らないようなテーマで書いているわけですから、それらの文章から視野を広げ、自分という一個の人間を知るきっかけにすることができます。

ただし、検定教科書では「このテーマはだめだ」とか「この表現はだめだ」などとかなり削ぎ取られています。古典にしても性的な描写が多いと取り除かれます。

ですから、**自分たちは限られた視野の中で選ばれた文章を読まされているんだ、ということを意識することも大切**で、受験はそのことに気づくきっかけになります。

受験の問題よりも検定教科書のほうが制約が多いのですか。

そうです。教科書に載らないような文章が受験で出されることは多々あります。とはいえ、その受験の素材文ですらだいぶ選ばれていて、その前後の文章を読めば「こんな表現があったのか」という気づきがあるので、ぜひ、**入試問題や国語の教科書で出合った文章の元の作品全体を読んでほしいですね。**

教科書や受験をきっかけにして読書につないでいく、ということですね。

子どもは「自分は普段から多様な選択肢の中から選んで読んでいる」と思い込んでいるかもしれませんが、全くそんなことはありません。

インターネット上のニュース記事も同様です。アルゴリズムによって、自分が興味のある記事がおすすめで示されたり、ＳＮＳのタイムラインに見ず知らずのアカウントの情報が流れたりしてきます。選択肢そのものが、他者によって限定されているのです。

家族でスマートフォンを見ていても、ニュースのトップページに表示される内容は異なります。「フィルターバブル」とも言いますね。

国語も全く同じで、教科書や受験の文章の裏側ではそういうことが起きているということに気づいてほしいのです。

解釈は一つではないが「誤読」は存在する

作家さんが、自分の作品が入試問題に使われたときに自分で解いてみたら正解にならなかった、という話を毎年のように聞きますが、これはなぜでしょうか。

「解釈」という観点から言えば、国語の授業内においては、解釈は一つではないけれども、なんでもありというわけではないということです。**れっきとした「誤読」は存在するのですね。**これは52ページでお話しした「根拠づけ」の話につながります。その根拠づけがどこまで妥当かという話です。私の授業でも、「そこを根拠づけにするのはトンデモ読解ではないか？」という解が生徒から出てくることがあるので、授業の中でそれをあぶり出していくわけです。

誤読に気づかせるという意味では、学校のテストや受験には意味があるということでしょうか。

はい。ですから、作家自身が正解できない場合は、国語科の立場から申し上げると、その文章の書きようが悪いということになります。そうとしか読めない文章になっているのですよ、と。

問題のつくり手は、しかるべき根拠をもとにその正解を導き出しているのだという

ことですね。作家にとっては厳しい指摘です。

ただ、一番厄介なのは、作家の本当に言いたいことが、教材や問題で切り取られてしまった続きに書いてある場合です。作家にとってはおもしろくないですよね。誤読されないようにあとでフォローしたのに、切り取られているのですから。国語科教員としてはそういうことが起こらないように配慮するようにしています。

だから1冊の本にしているのですよね。切り取られることを目的に作品を書いているわけではないですから。

子どもの読書のきっかけをつくるために親ができること

私が子どもの中学受験を通して感じたのは、**中学受験は子どもの読書体験の幅が広がる機会になる**ということです。塾に行かなければ触れなかったような文章をなかば強制的に読まされるわけですが、そこで子どもたちが感じることってたくさんあると

思うのですね。私も子どもと一緒に小説を読んだりして、有意義な時間を過ごすことができました。

このように、入試問題で触れた文章や教科書をきっかけに子どもの読書につながるといいなと思うのですが、ほとんどの場合はそこで終わってしまいます。子どもの読書のきっかけをつくるために、親にはどんなことができますか？

私には小学6年生と3年生の子どもがいますが、入試対策で演習する問題の文章から続きを読みたいとは言ってくれません。それよりも、**問題を解けなかった悔しさのほうが先立つことが多いです。**「この前、この文章の問題を解けなかったよね」と言って、しれっと本を買ってきて渡すと、意外と読んだりします。

ですから、子どもが「読みたい」と言ってくるのを待つ必要はありません。テストでも授業でも、**親子の会話が盛り上がった話題に関連する本をこっそり買ってきて、「実はこのあと、こんな展開になったんだよ」と教えてあげたりしながら渡してあげるといいかもしれません。**

なるほど。テストでも授業でも、お話が途中で終わりますからね。

そうですね。子どもが自分の解答に「×」をつけられて怒っているところに、「やっぱり作品全体を読んだらこうだったよ」と言いながら渡してあげると、子どもは納得します。**案外、失敗体験から広がっていく場合もあります。**

POINT！

- **授業や受験では「選ばれた文章」の「一部分」だけを読む**
- **教科書や受験は子どもの読書のきっかけになる**
- **親子で盛り上がった話題や子どもの失敗体験から読書へ導く**

4 なぜ文学を読むの？

学校で進む「文学離れ」

最近では「とにかく子どもが文学を読みたがらない」と悩む保護者も多くいらっしゃいます。そうなると、学校の教科書や塾の問題は、文学を読む機会を提供してくれる最後の砦にも思えます。そもそも保護者自身が本を読まなくなっていますよね。

もっと言えば、今、文学離れに拍車をかけるかのように、**学校の授業でもなかなか文学作品を扱えないようなカリキュラムになっているんです。**

そうなんですか？

高校の話になりますが、２０２２年４月から始まった高校の新学習指導要領では、「現代の国語」で評論文を、「言語文化」で小説と詩歌、古文、漢文のすべてを扱うことになりました。しかし授業はそれぞれ週に２回ずつです。入試対策としては古文と漢文は譲れません。すると、**いつ文学をやるのか、という問題が浮上します。**

古文や漢文の読み方のルールを教えるだけでも大変ですよね。

それだけで手一杯です。高２と高３の選択科目に「論理国語」と「文学国語」「国語表現」「古典探究」の四つの科目があります。多くの学校ではこれらの中から二つほど選びますが、大学入試の出題順を考えたら、日本の場合は当然、評論を読まなければなりません。もし選択科目で「論理国語」と「古典探究」を選んだ場合、**高1の「言語文化」の中で、文学と言えば『羅生門』を1年間のどこかで読むのが精一杯で、高2と高3では文学は何も読まないまま卒業してしまうということが起こります。**

『羅生門』もそろそろ古典の領域になりそうです。

行政としては、「『文学を軽視する』とは誰も言っていません。文学を選ばなかったのだとすれば、そちらの学校の判断でしょう」という理屈です。しかし現実には物理的にやる時間がないので、教育の現場としては悲鳴を上げざるを得ません。

それでも私立の場合は、高1でやることを中3と高1の2年間をかけてできるのでまだいいですが、公立の場合は手一杯です。これでは私立と公立の格差が広がる一方です。

海外ではどうなのでしょうか。

IB校も含めて、海外の国語は基本的に文学を扱います。説明的文章を「論理国語」という科目名に収めて実施しているのは日本くらいです。たとえば科学論は理科の授業で、歴史学の本は社会の授業で扱えばいいはずです。国語の授業で独立した科

目として評論を読むというのは日本特有の文化なのです。

個人の体験を話したがらない子どもたち

学校での文学離れは、今後どのような問題を生じさせると思われますか。

個人の体験や具体的な経験をないがしろにする風潮に拍車をかけるのではないかと危惧しています。ある人にしかわからない体験など、客観性がないのだからどうでもいい、という風潮が生まれてくるのではないかと。

灘校でも時折、自分の具体的な体験をプレゼンしたり、言語化したりするような場面で、「何の意味があるの?」という反応をする生徒がいます。**中学受験では、「あなた自身がどう考えるかは問題ではない」と子どもたちが抑圧されている面があります。**筆者が言っていることをかいつまんで説明しなさいとか、これを書いた人の視点に立って答えなさい、といった設問が多いために、子どもたちからすれば「あなたの意見はどうでもいい」と遠回しに言われているように感じるのではないでしょうか。

「それってあなたの感想ですよね」といった物言いが小学生の間で流行っているそうですが、ただでさえ日本語では主語が省略されやすいのに、ますます「あなたはどう思う?」というやりとりをしなくなる、ということでしょうか。

何かを主張するときに、個人の体験ではなくて客観的な事実やデータに基づいていないと誰も納得しない、というのは怖いですよね。**ひるがえって、海外の大学を受験するときには、「あなたは何をしてきたのですか?」と個人の体験を聞かれます。このギャップは大きいです。**

そうですね。「あなたについて説明してください」というように。

私も個人の体験として、世界と対等にわたり歩けるのかという危機意識を持っています。灘校には海外大学に進学する生徒もいますので。

そう考えると、日本の教育は海外の教育のありようと真逆と言えるのでしょうか。

少なくとも文学より「実用性」という面はぬぐえないと思います。**評論に慣れすぎてしまうと、客観性ばかりを重視するようになります。**すると、それこそ随筆やエッセイのように、体験から始まってそこでの気づきで話を落とすような文章などは、よほど意識的に指導しないと書けるようにはなりません。

子どもが「あなたはどう思ったの?」と聞かれて、自分が思ったことを答えたときに、「そういう見方もあるよね」と言われると自信や自己肯定感につながるのは、国語の授業ならではですよね。アートなども同じです。そのように、自分がどう感じたかを認めてもらえる授業って、一部の子どもたちにとってはすごく大切な居場所だと思うのですが、いかがですか。

それは大きいですね。一方で、その裏返しで、**「もしも自分の感じ方がほかの人に共感されなかったらどうしよう」という恐怖心や不安感も子どもたちにはあるのかもし**

れません。日本ではどちらかというと、「みんなと違ってもいい」ではなくて、「みんなと一緒がいい」という感覚が根強くあります。違うことを思っていたとしても、一緒に染めてしまうようなところがありますから。

同調圧力の問題ですね。それにしても、高校の新しい学習指導要領は、国語の先生たちの間では不評なのではありませんか？

文学ができない国語ってなんだろう、という話にはなりますね。古文も文学かもしれませんが、やはり現代文学ならではの学びがあるはずです。本当は取り組みたいのに、現場には時間がありません。

文学を読んで何の役に立つのか

私は「本屋大賞」の作品が好きで、最近ですと、２０２１年本屋大賞受賞作、町田そのこさんの『52ヘルツのクジラたち』（中央公論新社）を読んだときは3回くらい号泣

しました。

現代の作家さんたちは社会の縮図を見事に切り取って文章にしていると思うのですね。ですから、子どものころからこのような作品を読んでほしいのですが、「どうせ受験に出ないから読まない」という子どもが多いように感じます。

「文学を読んでも役に立たない」という考え方がありますよね。この場合の「役に立つ」とは、どのような視点で言っているんだろうと思うのですが。そもそも、実用性を重視して文学を読むことなどありません。でも、**文学作品を鏡にして「自分」の実像を考える**という経験は皆さんもお持ちだと思います。

映画やテレビ、ネットの動画などとは異なる没入感みたいなものが文学の醍醐味です。でも、多くの子どもたちがそれを体験しないまま大人になってしまう。

今の子どもからすれば、自分は自分、この人はこの人、と割り切って終わるような感じなのではないでしょうか。たとえば今、文学を読んで泣く男の子ってどのくらい

いるんだろう。

確かに。もし、子どもから「文学は何の役に立つの？」と聞かれたら、どのように答えればいいのでしょうか。

いま「文学は人生を豊かにするために読むんだよ」と言っても、「豊か」の概念がよくわからない、と言われてしまうような気がします。子どもからすると、自分はいま十分満ち足りていて幸せなんだよ、という感覚なのでしょう。

文学の価値は読んですぐにわかるものではなくて、もしかしたら10年後、あるいは20年後に、それも役に立ったのかどうかも気づかないうちに生き方に影響を与えているようなものです。 文学の価値とはそのようなものだと思います。

「文章表現」を重視する海外の国語

先ほど、海外の国語教育では主に文学を扱うというお話がありましたが、海外で文

学に重きを置いている理由とはなんでしょうか。

海外の言語教育では「文章表現」に重きを置いているのです。つまり「書くこと」です。

評論文は中身を伝えることが主眼なので、論理を最短距離で走らせるわけです。しかし**文学では筆者のものの見方、風景の見方など、筆者の目を通してどのように見えたのか、あるいは比喩や倒置法など、さまざまな技巧を凝らして表現します。**その技巧に価値を見いだすことが言語教育の大きなねらいです。そこが軽視されてしまうと、日常生活にも影響しますよね。

たとえばコミュニケーションについて言うと、**情報を伝えることだけがコミュニケーションなのであれば、ユーモアなんかも必要ありません。**言いたいことだけを言えばいいので。しかし実際の生活の中では、言葉には冗長だからこそのよさというものがあります。何事も合理的に近道しようとするからおかしなことになるんですね。

そうなると、今の日本の子どもたちが大人になったときに、コミュニケーションに

問題が起きてしまいそうですね。

はい、そこに家庭教育と学校教育のなすべきことが隠されているように思います。

言語にかかわらず、文学は行間を読んだりします。書かれたことさえ読めればいいわけではありませんよね。

評論など、文章種によっては「書かれたことさえ読めればいい」のかもしれませんが、そこにとどまらない言語文化があります。書かれた言葉からこぼれてしまった部分をどこかで拾ってあげないといけません。

そこは入試には出ませんし、学校でも学習指導要領の影響で教える時間が足りないとなると、やはり家庭で補う必要がありそうです。**読み聞かせから始まり、子どもたちが本に触れる機会を家庭でつくっていくことが大切ですね。**

灘中学校の入試問題では詩を出し続けているのですが、本当のねらいはともかく、結果としてそうした「書かれていないこと」に対する向き合い方を確認するためなのではないかと思っています。何しろ詩は論理的な飛躍が大きいので。**中学入試で詩を出している学校は、書いてあることだけを読めればいいわけではない、ということに気づいていて、子どものそういう力も評価したいと考えている**のではないでしょうか。

子どもたちに詩に触れてもらう機会にもなりますよね。

俳句や短歌でも同じです。夏や秋といった言葉で明記されていないけれども、ちゃんと季節を感じ取れていますか、というような。凝縮された表現を読み解く力も大切です。

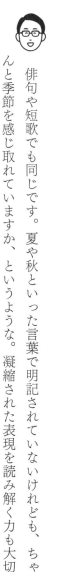

「すぐに役立つことは、すぐに役立たなくなる」

「役に立つか立たないか」の議論は、親子で何度もしてみるといいと思います。私も子どもと「明日はテストがあるけど、その点数は何の役に立つと思う？」などとよく議論しています。

とても哲学的ですね。

灘校の国語科には、**故・橋本武先生の遺された「すぐに役立つことは、すぐに役立たなくなります」という名言があります。**この言葉は、灘校生が日常的に「役に立つか立たないか」と議論をしているときに、橋本先生が言った言葉なんです。橋本先生は、「君たちの言う『無駄』とはなんですか？　私は無駄だとは思わない」という議論を生徒たちと続けていたようです。文学にも通じる話ですよね、まさに。

「無駄」の問いを突き詰めていくと、タイムパフォーマンスの話にもつながってきて、今では「生きていること自体タイパが悪い」という極端な考え方を耳にすることもあります。橋本先生の教えは、子どもたちや若い人に伝わるのでしょうか。

親子で対話をしてみよう！

テーマ例①　「テストの点数は何の役に立つの？」

テーマ例②　「宿題は無駄？」

テーマ例③　「ゲームをするために何を犠牲にする？」

子どもは本当に合理的に生きようとしています。特に自分がおもしろいと思わないものに対しては、最小の努力で最大の成果を出そうと。本当はゲームをしたり友達と遊んだり、やりたいことがほかにあるのでしょう。**だけどそれらを犠牲にして、合理的に切り詰めて自分は勉強しているという感覚が、子どもたちにそうさせているのだと思います。**

それと、ゲームをやりたいと言っても親から否定されてしまうのでしょうね。

そうですよね。もし子どもから「宿題をやっている暇があったらゲームをやりたい」と言われたら、親はどうすればいいのでしょうか？

その場合は、子どもが宿題を無駄だと思っているわけですから、「宿題は無駄ではない」という議論をしなければなりません。ただ、**本人がやりたいと言っていることを頭ごなしに否定してしまうと信頼関係が築けません。**ですから私個人としては、ゲームはやりたいときにやればいいと思います。

あとは「自己管理スキル」の問題です。やりたいことをやるためには、何かを犠牲にしなければなりません。社会生活も同様ですよね。**「あなたにとっての優先順位はどうなっていますか、それはなぜですか」ということを突き詰めていく作業が必要です。**

子どもを否定しないで見守る

ただ、ゲームが本当に子どものやりたいことなのか、という問題があると思います。以前、立命館小学校のＩＣＴ教育部長である*正頭英和《しょうとうひでかず》先生とお話ししたときに、ゲームは隙間時間にできる気軽な娯楽だからやっているだけで、子どもは本当に没頭できるようなおもしろいことを見つけたら、ゲームなどそっちのけになりますよ、とお

っしゃっていました。今の子どもたちは忙しすぎて、本当にやりたいことを見つける時間もないのかもしれません。

＊（出典）https://www.hanamaru-college.com/videodetails.php?id=1083

とはいえ、「あなた、本当にやりたいことは何なの？」と問われると、それはそれで「やりたいことがあることは当然のことだ」というメッセージとして受け取られてしまうので、子どもたちにとっては強迫観念のように感じられてつらくなるのではないでしょうか。

確かにそうかもしれません。しかも、「やりたいことを見つけなさい」と言われながら、親や先生の期待から外れることをすれば、結局否定されてしまうわけです。「そんなことをやっていても無駄でしょう」と。

その問いの裏側には、結局、**親自身が自分のやりたいと思っていることを子どもに**

やらせたい、という本音があると思います。

そうですね。だから子どもに対して「なんでそんなことやっているの？」と思っても、まずは邪魔をしないで見守っていると、意外とすっと勉強を始めたりします。**大人の期待を押しつけないこと、子どもの邪魔をしないことは大事ですね。**

ゲームも国語の入り口になる

私は以前、東大生[*]にゲームとのつき合い方について取材したことがあるのですが、その中で「無料のゲームがよくない」という話がありました。**無料のゲームは無制限に遊び続けてしまうし、課金させる仕組みもあるので、延々と続けてしまう**というのです。

＊（出典）https://president.jp/articles/-/49542?page=1#goog_rewarded

一方、「ファイナルファンタジー」といった数千円を出して買うゲームであれば、必ず終わりがあり、ゲームにのめり込みすぎることも防げる。それに、こうしたゲームの名作はストーリーもあって映像や音楽を使った総合芸術なのだと。世界中の人たちが認める素晴らしい作品なのだから、超大作の映画のようにたっぷりと堪能すれば、勉強にも活かせることもあると言います。

確かに十把一絡げにゲームとまとめてしまうのは乱暴だと思います。

そうした作品としての完成度が高いゲームをきっかけにして、ほかの領域に興味を広げる子もいます。親子で戦国もののゲームをやるうちに、親の書棚に置いてあった司馬遼太郎を読み始めた子や、ゲームからSFの世界に魅了され、読書のほうが忙しくなったという子もいました。

ゲームもまた言語なくして成り立ちません。私はゲームのつくり手にも回ってほしいです。それこそシナリオなどの書き手ですね。受け身だけではなくて。

「こんなにすごい作品をどうやってつくったのだろう？」とお父さんお母さんから問いかけてみて、ストーリーに関心のある子であれば、元ネタになったであろう本や漫画を一緒に読んでみるのもよさそうですよね。

「マインクラフト」であれば、お城めぐりなどから歴史に入っていくかもしれないし、ギリシャ神話につながっていくかもしれません。

POINT！

- ✓ 文学の価値は長い時間をかけて読み取るもの
- ✓ 子どもを頭ごなしに否定せず、「対話」を心がける
- ✓ ゲームも国語の入り口になる

5 子どもの思考力を育むには？

文章の書き方を教えない日本の国語

『納得の構造　日米初等教育に見る思考表現のスタイル』（東洋館出版社）の著者である名古屋大学の渡邉雅子教授が、日本とアメリカの小学校の作文指導の比較をされています。渡邉教授によれば、**日本の国語の教科書には作文の方法を扱った章がない**というのですね。しかも教員にインタビューしたところ、**「特定の文章の書き方を教えることはない」**と答えたそうです。

一方、アメリカの教員に国語を教える目的を聞くと、全員が「書く技術と能力を高めること」と答えたそうです。日本の学校では書き方を教えないというのが、最大の問題だと渡邉教授はおっしゃっています。

私の小学生の子どもを見ていても、「起承転結」や「序論・本論・結論」といった言葉くらいは知っているかもしれませんが、確かにそのフレームの中に具体的に何を書くのかまでは教わっていないように感じます。

子どもが作文に取り組むときに、先生や親から「思ったことを好きに書けばいいんだよ」とアドバイスされても、そもそも子どもたちは書き方がわからないし、親も教わっていなければ知らないですよね。その結果、「アレをして、コレをして、おもしろかったです」と、**時系列で出来事を並べただけの作文になってしまいます。**

そういえば、こんなことがあったのを思い出しました。小学生の息子が、いかにも業者さんがつくったような、ありきたりな穴埋め形式の作文のワークシートを学校から持ち帰っていました。ワークシートには記入例が書かれていますが、添削指導などは受けていないのでしょう。でも、書きっぱなしでは子どもの文章力は向上しないし、

何より壁打ちのような作文では楽しくありません。

吸収した言語をいかにアウトプットするかを小学生のころに訓練しないと、書く力として身につきません。だから**文章の「型」を教えることがすごく大事**だと感じます（225ページ参照）。

それと「評価」の問題もありますね。**子どもが書いたものを誰が読むのか、何のために書くのか、といったことを見取ってあげなければ子どもの書く力は伸びません。**

子どもが読書感想文に苦手意識を持ったり嫌いになったりするのも、そのあたりに原因があるような気がします。子どもががんばって書いて提出したにもかかわらず、フィードバックが全くないとか、よくわからないハンコが押されて返ってくるとか。課題として出すことが目的化してしまっている部分があります。

「客観性重視」だけでは世界に通用しない

最近は小学校で読書感想文も書かせない傾向にあるようですが、なぜでしょうか。

おそらく、そこも客観性を重視しているためではないかと思います。**データをそろえて相手が納得できる文章を書くことを子どもに求めている**からではないかと。

以前、日本の高校からハーバード大学に進学した子を取材したことがあるのですが、授業でのディスカッションで「君はどう思うか」と聞かれたとき、日本人としての立場から自身の経験をもとに語ると、その意見に皆が強い関心を持って注目するのだと言っていました。日本から一歩外に出ると、このような世界が待っています。結局のところ、そこで客観的なことを答えても、そんなものは誰にも求められていないということですよね。そのような意見ならＣｈａｔＧＰＴに聞けばいいのですから。そもそも、客観性を重視するような日本の教育方針はどこから出てきたのでしょうか？

*このたびの学習指導要領のバックボーンには、Ｓｏｃｉｅｔｙ５・０で目指されているような資質・能力や、経団連からの要請等が見え隠れします。リベラルアーツ教育を通じて論理的思考力と規範的判断力を涵養し、高度専門職を担える「即戦力」がほしいという。

＊（出典）https://www.keidanren.or.jp/policy/2020/063.html

「リベラルアーツ教育」と「国際的な競争力」との関係をどう捉えているのかが気になります。

ここに教育と経済界のねじれが生じています。リベラルアーツより「役に立つ」教育を受けた子が就職活動を経て経済界に行ったりすると、「あなたには教養がない」などと言われます。企業の採用現場では、役に立たないと言われている教養などの力を重視しています。教育全体としては社会で「役に立つ」ことを重視しているので、

経済界との間でねじれているわけです。

企業の現場では、客観性重視の発想だけでは世界に通用しないことがわかっているということですね。

そう思います。子どもも教育の現場も混乱しますよね。「文学や古典はもういいから、とにかくすぐに役立つ論理的で客観的な文章を書けるようになりなさい」という教育を小中高と受けてきたのに、就職活動で面接の場に臨むと、「で、あなたはどう考えますか？」と主観的な意見を求められます。

「あなたの個性はなんですか？」「あなたは何者ですか？」と。

こんな文学も読んでいないのか、などと指摘されてしまうわけです。

日本の「書く」は「まとめる」に近い

ここまでのお話を振り返ると、自分自身が感じたり考えたりしたことを言葉にすることが軽視されていく流れの中で、日本の子どもたちは「世間ではこうだけど、自分はこう思う」といったことを表現する訓練ができていない現状がある、ということですよね。

客観的な事例を勉強するのはとても大切なことです。だけどそれをふまえて、**「自分はこう思う」という考えをまとめたり、発信したりする部分の訓練ができていない**のかなと思ったんです。先ほどのＩＢの五つのスキルで言えば、日本の子どもたちはかなり凸凹になっているのではないかと。

日本人は、すでにあるものを簡潔にまとめることは得意です。比較しなさいと言われて、共通点と相違点をまとめることも得意です。

ただ、「違いと共通点はわかった。それであなたはどう考えるの？」と切り返されたたときにフリーズしてしまうような部分があります。その違いはどこから来るのか、自分で問いや仮説を立て、情報を集めて、自論を言語化する作業が訓練されていないのです。

その問題を自分で引き受けて、評価して、自分の意見として発信することができていないということでしょうか。

現状を批判的《クリティカル》に眺めて、当たり前を切り崩し、知識を創造していく力ですよね。ＩＢで言えば、高次の思考力である「評価」や「創造」が日本人はなかなかできません。

批判的思考《クリティカル・シンキング》でもありますよね。リサーチした結果を正確に理解した上で、批判的《クリティカル》に見ることも大事です。たとえば海外の事例を見たときに、「本当にその国はそれでうまくいっているのだろうか」ということを、自分たちの国の現状と照らし合わせて批判的《クリティカル》に洞察することができるのか。とても高次な思考ですが。

だからＣｈａｔＧＰＴのような生成ＡＩは怖いんです。情報をまとめ文章化することは巧いのですが、そもそもその情報が事実かどうかは定かではありませんから。

ＣｈａｔＧＰＴの時代に求められるのは子どもの思考力

ただ、ＣｈａｔＧＰＴは書き方が上手です。文章構成がよくできていて展開が巧みです。内容の真偽は別ですが、書き方においては参考になり得るのではないでしょうか。フレームだけを抜き出して練習材料にするという使い方はあると思います。

灘校の生徒さんたちもＣｈａｔＧＰＴを使っているのでしょうか。

使っていますね。授業で使うことはありませんが、たとえば休み時間などに、課題をもとに「ＣｈａｔＧＰＴならなんて答えるだろう」などと試しているようです。

ＣｈａｔＧＰＴの生成した文章をそのまま提出するようなことはありませんか？

さすがにそれはありません。ＣｈａｔＧＰＴが作成した文章の流れだけを参考にして、中で使われている「事実」や「データ」はすべて自分が調べた内容と入れ替えています。ここで各人の力量の差が出ます。

そこはまさに批判的思考《クリティカル・シンキング》が問われる部分ですね。

ただ、**生成ＡＩの現在のクオリティの高さや進化のスピードを考えると、今後数年で全く状況が変わってくる可能性があります。**

そうなると、個人の閉じた世界にいながら解決できる問題が増えてきて、子どもたちも、疑問に思ったことは親に聞くよりもＣｈａｔＧＰＴに聞いたほうが速い、となりそうですね。その結果、「私はこう思うけれど、あなたはどう思うの？」というやりとりがますます減っていくような気がします。

だからこそ**家庭や学校においては、子どもの思考を広い世界の中で育むことがさらに大切になってくる**のではないでしょうか。

子どもの「問い」を封印しない

ChatGPTは「問い」の質によって回答の精度が変わる、と言われています。これは受験の弊害でもあるのですが、**子どもたちにとって「問い」は基本的に〝与えられるもの〟だという感覚があります。**国語の文章を読んでいても、問いを設定するのは筆者の役割で、自分ではないという感覚です。

「問い」を立てる力ですね。

そうです。この力はとても大切で、私も日々、学校や家庭でいかに問いを立てる力を育むかという課題に向き合っています。

日本の子どもたちって質問をする習慣がありませんよね。

実は質問したいことはあるけれど、言わないだけではないかと思います。思っていてもなかなか口に出せないのかもしれません。子どもたちは疑問や質問は持っているのだけれども、授業中は発表する場がありません。教員から「何か質問がある人は?」と言われても、授業に関係のある質問しかできないし、すべてを受けつけることはまれです。でも案外、**授業とは一見関係なさそうな「問い」に価値があるかもしれないのです。**

そのような「問い」が全部封印されてしまうと、授業が一方向なものになってしまいます。**子どもたちの「問い」をどうやって学校の授業や家庭で拾っていくのかがとても大切です。**

子どもって、放っておくといろんなことを聞いてきますよね。家庭で何かできることがあるとすれば、どんなことでしょうか。

よく「一日で起きたことから三つのよかったことを書きましょう」といった取り組みがありますよね。それと同じように、「今日一日生活して浮かんだ問いを三つ出してみましょう」という取り組みがあればおもしろいかもしれません。

仕事から帰ってきたお父さんに三つ質問してみましょう、とか？

そうですね。親子で楽しく盛り上がれるのではないでしょうか。本当は、このような企画を出さなくても、自然とそうした会話ができるといいのですが。

特にお子さんが小さいうちだといいかもしれませんね。

「三つ質問を考えましょう」だと、「お父さんに答えてもらいましょう」の時間になってしまいますが、答えを求めることが目的ではありません。

その会話によって答えが出るかどうかはわからないけれども、**何か子どもが疑問に思ったことを、親と交換し合う時間が持てるといいと思います。**

POINT！

- 日本の国語の授業では文章の書き方を教えない
- ChatGPT時代に大切なのは「子どもの思考力」
- 親子で「問い」を交換して子どもの「問いを立てる力」を育む

6 母語こそ国語力の土台？

母語を大切にするIBの教育

今、日本にも教育熱心なご家庭の間でインターナショナルスクールへの関心が高まっていて、早くから子どもに英語を身につけさせようという流れがあります。ところが、**英語は実は「キラーランゲージ」と呼ばれていて、ほかの言語を排除してしまう危険性を持ち合わせている**という話を、第二言語習得を専門とされている早稲田大学の原田哲男教授からうかがったことがあります（『海外の大学に進学した人たちはどう英語を学んだのか』ポプラ新書）。

「人種の坩堝《るつぼ》」と言われるアメリカは移民が多く、彼らが英語にシフトしていってしまうため、「言語の墓場」と言われているそうです。だから母語を大事にしないと、結果的にモノリンガル（単一の言語のみを話す人）の思考に変わってしまうと原田教授はおっしゃっていました。**日本語と日本文化を十分理解したバイリンガルの育成が大切**なのだと。

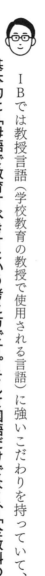

　母語の重要性について、ＩＢではどのように考えられているのでしょうか。

　ＩＢでは教授言語（学校教育の教授で使用される言語）に強いこだわりを持っていて、**基本的に「母語で教育すべき」という考え方です。そして国語だけでなく、「全教科の教員が言語の教員でもある」というスタンスです。**人間は言葉で考えますから。

　また、ＩＢには育てるべき10の学習者像があり、そこから展開する形で各教科があるというように、もともと教科は、大きな教育目標を実現するための手段という考え方があります（38ページ参照）。

　一方、日本では英語は英語、国語は国語と教科が分かれていますので、英語と国語の関係性を生徒も自覚しにくい面があります。国語での学びを英語に活かしたり、英語での学びを国語に活かしたりすることがそもそもあり得ないというか。日本語と英語を比較できるような授業があればいいのですが、すべての学校でできるかというと、現状では難しいです。

たとえばフランスではフランス語と英語を比較しながら学んでいますよね。

そうですね。私も英文学とそれを翻訳した日本文学とを同時に比較しながら教える授業を試みています。

このあたりはおそらく教科縦割りの弊害なんですね。日本では**「国語のことは国語の授業でやってね」ということになっていますが、その考え方を変えなければいけません。**灘校の場合は担任団持ち上がり制なので横のつながりが強く、教科横断的な試みも行いやすい面があります。

その点で私立の学校は柔軟ですよね。中高一貫校であれば高校受験がないので、教科横断的な授業ができたり、いろいろな試みがしやすい環境かもしれません。

「英語力を身につけさせなければ」という危機感

先ほど「インターナショナルスクールへの関心が高まっている」というお話がありましたが、加藤さんはその影響で母語がないがしろにされていると感じているのでしょうか。

母語がないがしろに、というわけではありませんが、**「英語力を身につけさせなければ」という危機感の高まり**がどんどん低年齢化し、今はインターナショナルプリスクールが人気のようです。

そもそも母国語を持って育つとはどういうことなのだろうと最近すごく考えるのですが、たとえばアメリカで教育を受けて、完全にアメリカ人として育てられた日本人の中に、日本に帰国しても日本語ができなくて悩んだりしてしまったり、アイデンティティ・クライシスに陥ったりしてしまう人もいるようです。

たとえば教授言語が英語のＩＢ校で「ＴＯＫ」という学際的な科目を受けるときに、**授業は英語で行ったとしても、生徒の母語が日本語の場合はいったん日本語で考えてから英語にするほうがいい**、ということがあります。初めから「日本語なんてどうでもいいから英語を身につけよう」という子は私の周りにはいませんね。日本語は家庭で話しているのだから、それ以上はいらないと考えている人たちが一定数いるのでしょうか。

日本語が必要かどうかという問題以前に、昔と変わらないスタイルの英語教育や受験の過熱といった日本の教育事情に不安や不満を感じてそうした選択をするケースが少なくない気がします。

灘校でも「英語なんか勉強して意味があるんですか？」と問われることがあります。つまり、自動翻訳技術が発達したことで、受験英語に意味があるのか、という問いです。日本語と実用的な英語と受験英語があるとすれば、**実用的な英語は話せたほうがいいけれども、いわゆるペーパーテスト用の受験英語は本当に意味があるのか？**と。

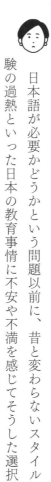

それはそうですよね。「この英文を和訳しなさい」というだけならＣｈａｔＧＰＴで用が足りてしまいますから。

自分が育ったローカルがあってこそのグローバル

「グローバル社会で生き抜く力」などとよく言われますが、私はそもそも「グローバル人材にならなきゃいけない」というのもよくわかりません。背景には経済界からの要請があるのかもしれませんが、子どもの実感が伴わないままにグローバル人材がどうこう言っても仕方がないですから。

学校にいるとよく思うのですが、子どもが属しているコミュニティって、まず家庭があって、次にクラスがあって、学校があります。そして地域があって市と県があって、日本があって……と広がっていくわけですが、いきなり海外と比較すると戸惑いが生じてしまうのではないでしょうか。「自分」と「世界」の間が抜けているのではないかと。

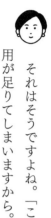

それよりは、**身の回りの生活を大切にしながら、ローカルな部分から広げていくように考える**ほうがいいのではないかと思います。

地続きで考える、ということですよね。海外で活躍している日本人の方々と話をしていると、実はローカルなところにまだたくさんの日本らしさが眠っているのに、なぜそこを見ようとしないままレッドオーシャンで戦おうとするのか、とよく言われます。「これからはプログラミングだ！」「英語力だ！」と血眼になったところで、すでにインドや中国のような国にはそう簡単に勝てるわけがないのに、と。

それよりも、**日本には海外の人たちが羨むようなものが、哲学的な概念といったものも含めてまだたくさんあります。**ですから、井上先生がおっしゃるように、もっとローカルなところに眠っているものに気づかせてあげるということであれば、地元の先生たちも教えられるのではないでしょうか。プログラミングをやったことがない先生がいきなりプログラミングを教えるのは難しいかもしれませんが、その地域で続いてきたお祭りのことだったら、先生も教えやすいと思います。

そういう身近なところからこそ、**言葉やコミュニケーション、リサーチなどのスキ**

ルが伸びていくのですよね。

おっしゃるとおりです。個人の体験や身近な知識、文化を軽視してしまう流れって何なのでしょうね。共有できる知識にしか価値がないということなのでしょうか。**共有できない個人的な知識だからこそ、他者との対話が生まれる**と思うのですが。

今、日本の郊外に行くと、スーパー、量販店、ファミレスなどどこも似たような景色が広がっていますよね。でも、海外の人たちが価値を見いだす日本の風景はそういうものではありません。

「グローバル社会で生き抜く力」がどういう力なのかと考えると、確かに語学力や異文化への理解力もありますけれども、やはり自分の文化が軸です。自文化理解があってこそのアイデンティティですよね。

そうですね。**自分が何者なのか、どこから来たのか、どんなところで育ったのか、**

というように、まず自分のストーリーを語れなければなりません。グローバルって本来そういうことですよね。自分が育ったローカルがあってこそのグローバル人材なのであって、そこを履き違えてはいけないのではないかと感じます。

国語力の育成に全教科体制で取り組む

以前、*ジャパン タイムズ代表取締役会長兼社長の末松弥奈子さんと対談させていただく機会がありました。末松さんは日本初の全寮制小学校である神石インターナショナルスクール（広島県神石郡神石高原町）を２０２０年に創立されたのですが、そのきっかけとして、中学や高校から海外留学する子どもたちが、日本人としてのアイデンティティをしっかり身につけられるような小学校の必要性を感じたためとおっしゃっていました。

＊（出典）https://resemom.jp/article/2023/03/07/71269.html

異文化を理解する前に自文化を理解することの大切さですね。

世界に出ていったときに、「あなたは誰?」と聞かれて答えられるようになるためには、**家族や学校、地域の中で自分がつくられていることを理解しておかなければいけません。**

そう考えていくと、自文化すらも一通りではないことに気づきますね。自己や自文化を知る手立てもまた言語ですが、**言語的な学びを国語科だけに任せるのではなく、全教科体制で請け負う必要があります。**

そのような広い意味での国語力を育てるには、子どもが自分の感じたことや思ったことについて「感じてもいいんだ」「思ってもいいんだ」と思えるような心理的安全性が担保されないといけません。もし、学校で「誰が読んでも正解は一つ」というような客観性ばかりが訓練されていくのであれば、**少なくとも家庭では子ども自身の感じ**

たことや思ったことを受け入れる環境をつくっておかないと、みんな根無し草になってしまいます。

そもそも「国語力」と言うと、「国語」という文字が入っているからだめなんです。国語力の育成が国語科のせいにばかりされてしまって。**国語力とは言いますが、国語科にとどまらない話です。**

そうは言っても、テストは置いておくとして、自分の考えや思いを最も自由に言葉にできる教科はやはり国語ではありませんか？

いや、全教科であってほしいし、そうあるべきではないでしょうか。確かに国語科固有の見方や考え方はありますけれども。

ただ、たとえば歴史の授業で、独自の解釈をしてみせた子どもに対して、先生が「そういう解釈もできるよね」と言えるどうかといえば、なかなか難しいのではないで

しょうか。結局は今でもみんな用語集を使ったりしながら暗記中心の授業になってしまいがちですが、その意味で言うと、国語の授業では「あなたはそう思ったんだね」と、「個人」を受け入れてくれますよね。

評価されるチャンネルが複数あることは望ましいですが、先ほどの**心理的安全性はやはり歴史にもあってほしい**というのが私の意見です。あと、繰り返しになりますが、私としては本当は**もっと授業に「体験」を入れたい**のです。教科と教科ではなく、教科と社会・世界です。教室に閉じこもった授業では限界があります。本音を言えば毎日外に出て授業をしたいくらいですよ。それこそ橋本先生が実践されたように、作品中に凧を揚げるシーンがあればみんなで外に出て実際に凧を揚げてみたり、飴を舐めるシーンがあれば実際にみんなで飴を舐めてみたり。そういうことも含めて、もっと教室を飛び出して、体験と言葉を結びつける経験を増やしたいですね。

私も高校生のときに、国語の授業で先生が「外に出よう」と言って、みんなで「哲学の道」を歩きながら短歌をつくったことがあります。お寺の近くで虫の声を聞いた

り、陽光や風を感じたりしながら、**五感を使って短歌をつくるのはとても楽しかった覚えがあります。**

教室で詠むよりは楽しいですよね。**体験と言葉を結びつける学びは、何かに役立てようという活動ではありません。**役立てようとするのは無粋です。

その授業で受験の点数が上がるのですか？　と問われれば、いやそれは文法でも学んでくださいという話になります。でも、私も含めて生徒一人ひとりにとって、短歌というものを五感で体験するという、一生の記憶に残るかけがえのない時間だったのです。

「体験」が学びのモチベーションになる

橋本先生の授業は、今でこそ「伝説の授業」と言われていますけれども、受験に対しては遠回りではなかったのですか？

そう思われるかもしれませんが、橋本先生の学年は成績がよかったんです。灘校は担任団持ち上がり制なので、6年ごとに橋本先生の受け持つ生徒も受験を迎えるのですが、そのときの合格率が跳ね上がるんですね。

授業での体験が受験にも活かされたのでしょうか。

生徒のモチベーションが高まるのでしょうね。**「体験」をきっかけに国語への関心や学習への意欲が高まることで、成績も上がった**のだと私は思います。

それに、橋本先生は実は受験対策もしっかりされていました。『銀の匙』の授業は行っていましたけれども、高校では受験的な教育も取りこぼしなく行っていました。体験をもとに自分で考える学習と、受験のための学習を両立されていたのです。

やはり「体験」が国語を学ぶモチベーションになったのですね。保護者は**子どもと一緒に文学に触れてみたり、作家の出身地を子どもとめぐってみたりして、ともに体**

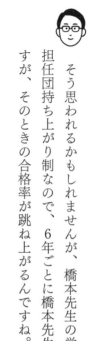

験を重ねていけるといいですよね。宮沢賢治の作品を読んだら子どもと花巻に旅行に出よう！というように。

そしてその体験を言語化できたらもっといいと思います。保護者には、ぜひお子さんの個人の体験やものの見方を大切にしてあげてほしいです。

中学生になると子どもも親と一緒に行動したがりませんから、小学生のうちがチャンスです。

以前、大手学習塾の先生からうかがったお話を思い出しました。学習塾でも成績が優秀な子ほど、夏休みなどを上手に使って体験をしているというのです。たとえばお父さんやお母さんの実家に帰省するときに、地図帳をもとにストーリーを組み立てて、ご当地グルメを食べたり名所に立ち寄ったりする、親子で楽しめる旅行プランを立てるそうです。

今は家族そろって食卓についていても、それぞれがスマートフォンで違うコンテンツを見ながら、黙って食事をするような光景が増えています。お父さんお母さんも毎

日本当に忙しいと思いますが、少しでも**親子で関われる時間があれば、できるだけインタラクティブに関わる**ことが重要ですよね。

体験はばらばらだったとしても、互いに共有できるといいと思います。

一つポイントを示すなら、**「事実」と「意見」とを切り分けて考えるトレーニングをすることです。**どこまでが事実でどこからがあなたの意見なのかと、問うてあげてください。

POINT！

- 自分が育ったローカルがあってこそのグローバル
- 「体験」は学びのモチベーションになる
- 小学生のうちに「体験」を通じて子どもとたくさん関わる

第2章

考える力が育つ！
おうち国語
レッスン

「子どもの国語力を伸ばすために、家でできることはあるの？」

第２章では、おうちで気軽に取り組める「親子問いづくり」をテーマとした実践について、井上先生が解説します。

section

1

理念編

学校で教わること、教わらないこと

学校教育の目標はどうやって決まる？

学校では何を教わるのか？　これは取りも直さず「教育の目標とは何か？」という問いに直結します。学校教育では何が目標になっているのか。その実際をお示しします。

そもそも、家庭にせよ学校にせよ、私たちの教育目標は何なのか、何のための教育なのか。私自身、日々灘校で授業づくりをしようとすると、いつもこの根源的な問題意識が立ち上がります。簡潔に「できないことをできるようにする」ことが教育であるならば、学習者ファーストの授業とは一体どのようなものなのでしょうか。

昨今「個別最適化」などとよく言いますが、子どもの持つ課題というのは千差万別で、30人いれば30通りあるわけです（ちなみに灘高校の理系クラスは1クラス60人程度です）。しかし、学校という枠組みの中で、限られた人員で教育を行うならば、集団授業を行わざるを得ません。個別最適化と集団授業のジレンマを日本の公教育の中でいかに乗り越えていくのかという問題は、いつも私の頭の上に重くのしかかっています。

言うまでもありませんが、公教育の現場で国語科教員として国語を教える以上、自分の好きな教材を使って好きなように教えられるわけではありません。公教育には学校教育法や教育基本法といった法令もありますし、学習指導要領もあります。そこから教科の目標や内容の大枠が定められ、それに根差した検定教科書もつくられます。地域・学校レベルに焦点を絞っても、自治体や学校単位の理念もありますし、とりわけ私学では建学の理念やスクール・ミッション（学校の存在意義や期待される社会的役割）も重んじられます。さらには学校内には学年目標・コース目標・クラス目標もあるでしょうし、そこに教員個々の教育観も少なからず入り込んできます。

学校教育法第一条で定められた、いわゆる「一条校」で教育するためには、学習指導要領に定められている目標や内容（図12）だけでなく、このような多角的・多面的な目標を総合せざるを得ないのです。**学校で教わることは、こうした国家・地域・学校の掲げる教育目標と、自分がしたいこととのせめぎ合いの中で、具体的に決定づけられていくという側面があります。**

*第一条には「この法律で、学校とは、幼稚園、小学校、中学校、義務教育学校、高等学校、中等教育学校、特別支援学校、大学及び高等専門学校とする。」とある。

「思考・判断・表現」とは？——曖昧な評価観点

次に評価です。序章でも触れたとおり、新カリキュラムでは「知識・技能」「思考・判断・表現」「主体的に学習に取り組む態度」の3観点で評価を行うことが既定路線になっています。評価から目標を逆算するならば、**学校ではこの「知識・技能」「思**

▼［図12］学習指導要領に定められている目標と内容

小学校学習指導要領（平成29年告示）における国語科の目標

言葉による見方・考え方を働かせ、言語活動を通して、国語で正確に理解し適切に表現する資質・能力を次のとおり育成することを目指す。

(1) 日常生活に必要な国語について、その特質を理解し適切に使うことができるようにする。

(2) 日常生活における人との関わりの中で伝え合う力を高め、思考力や想像力を養う。

(3) 言葉がもつよさを認識するとともに、言語感覚を養い、国語の大切さを自覚し、国語を尊重してその能力の向上を図る態度を養う。

（出典） https://www.mext.go.jp/content/20230120-mxt_kyoiku02-100002604_01.pdf

中学校学習指導要領（平成29年告示）における国語科の目標

言葉による見方・考え方を働かせ、言語活動を通して、国語で正確に理解し適切に表現する資質・能力を次のとおり育成することを目指す。

(1) 社会生活に必要な国語について、その特質を理解し適切に使うことができるようにする。

(2) 社会生活における人との関わりの中で伝え合う力を高め、思考力や想像力を養う。

(3) 言葉がもつ価値を認識するとともに、言語感覚を豊かにし、我が国の言語文化に関わり、国語を尊重してその能力の向上を図る態度を養う。

（出典） https://www.mext.go.jp/content/20230120-mxt_kyoiku02-100002604_02.pdf

高等学校学習指導要領（平成30年告示）における国語科の目標

言葉による見方・考え方を働かせ、言語活動を通して、国語で的確に理解し効果的に表現する資質・能力を次のとおり育成することを目指す。

(1) 生涯にわたる社会生活に必要な国語について、その特質を理解し適切に使うことができるようにする。

(2) 生涯にわたる社会生活における他者との関わりの中で伝え合う力を高め、思考力や想像力を伸ばす。

(3) 言葉のもつ価値への認識を深めるとともに、言語感覚を磨き、我が国の言語文化の担い手としての自覚をもち、生涯にわたり国語を尊重してその能力の向上を図る態度を養う。

（出典） https://www.mext.go.jp/content/20210909-mxt_kyoiku01-100002620_02.pdf

考・判断・表現」「主体的に学習に取り組む態度」の3観点で評価できる内容が各教科・科目で教えられているということになります。

ただ、議論は簡単ではありません。学校現場では今「この3観点はどう関係し合っているのか」「3観点の起点はどこなのか」「そもそも知識がなければ思考できない」「いやいや、主体性や意欲がすべての前提でしょう」といった議論が巻き起こっているのです。通知表等を通じて、**児童生徒の活動をこの3観点でどう見取っていくのかが課題になっています。**

しかし、たとえば二つ目の「思考・判断・表現」を取り上げてみても、これら三つの用語の定義はきわめて曖昧であることがわかります。「思考力と判断力の違いは何か」「表現力とはどのような力か」と言われても、そもそも、「思考」「判断」「表現」は、互いに密接に関係し合っています。**念頭に置くべき各観点の定義が曖昧であるがゆえに、「どう国語の授業の中で定義づけ、伸ばせばいいのかわからなくなってしまう」という問題が生じています。**

PISA、ICT……——複雑化する教育環境

また、**目指すべき学力観や評価の議論をさらにややこしくしているのが、国外から入ってくる教育観です。**「誰一人取り残さない」ことをうたっている**SDGs（持続可能な開発目標）**や、エージェンシーを標榜する**OECD（経済協力開発機構）**、あるいは**PISA（OECD生徒の学習到達度調査）**などが挙げられるでしょう。

最新のPISA（2022年）の「読解力」の結果（全参加国・地域中3位／OECD加盟国中2位、31ページ参照）を完全に無視できるのかと言われると、なかなか国語科としては難しい部分があります。前回（2018年）の結果では、読解力だけ相対的に下がってしまいました。

では、ここで下がったとされるOECDの「読解力」（①情報を探し出す、②理解する、③評価し、熟考する）と、国内の国語科教育の「読解力（読むこと）」はどの程度同じなのか。異なる部分があるなら、私たちはその違いをどう受け取ればいいのか。も

ちろん「ＰＩＳＡと国内の事情は別問題」「前回のＰＩＳＡはコンピューター・ベースで行われたので、生徒は操作に慣れていなかっただけだ」など、いろいろな主張は可能でしょう。でも、「では、今後の国語力の向上に向けて、ＰＩＳＡの結果を度外視していいのか」と言われると、一国語科教員として、やはり考えていかなければいけない部分はあると感じています。

ひるがえって、教育を取り巻く状況は国内だけを見ても複雑化しています。教育行政はもはや文部科学省の専売特許ではなく、昨今は経済産業省も絡んできています。確かに「ＧＩＧＡスクール構想」で１人１台端末が実現されましたが、ＩＣＴ機器を一人ずつに配ったら個別最適化が実現されるのかと言うと、もちろんそういうことはありません。だから、**本当に個に寄り添った教育を、集団授業が前提となっている学校でどこまでできるのかを、今後も粘り強く考えていかなければなりません。**

ここまで「公教育における目標とは何か」を軸に、その複雑さや混迷している状況を書きました。この本を手に取ってくださっている読者の皆さんは、多様なバックラウンドの中で子育てをされていると思いますので、ぜひご家庭の教育方針や、地域・学校等での教育理念を再確認いただければと思います。そして、その理念や使命が形骸化して額縁にはまっているだけなのか、ことあるごとに家庭や授業で触れられているのか。そして、多様な目標の優先順位はどうなっているのかということを、振り返っていただきたいと思っています。

最後に、これは私個人の考えですが、学校や家庭で教えるべきことを申し上げます。それは、**「全教科に通底する『学び方』」**です。家庭でも学校でも「学び方を学ぶ」という視点を育んでいく必要があります。今、私は大学で「国語科教育法」を教えていますが、この科目名はあまり好きではありません。私が重視しているのは特定の教科によらない「教育法」なのです。もちろん国語科に限定される教育方法もあるかもしれませんが、そもそも学習の仕方、学び方というものを子どもはどこまで身につけていけるのか。認知的な力はもちろん、情意面での力（たとえば気持ちのコントロールなど）もそうです。これらは国語科だけの話ではありません。よって、そのような普遍的な、根源的な学び方の教授にもっと目を向けるべきだと考えています。

学校で評価できること

評価のモデル「改訂版タキソノミー」

学校で何を教えるかが決まったとして、今度はその目標設定に到達できたかどうかを見取っていかなければなりません。ここからは「評価」についてです。

「何の／誰のための評価か」と問われると、それは当然学習者のための評価ですが、これも建前と本音が入りまじります。「学校では評価しなければいけないことになっているから評価するのだ」というところも、実態としてはあると思うからです。個人的には、学習者が自らの習熟度や学びの度合いを自覚して、学びを前進させていくために資するものが評価で、値踏みしたり比較したりするということではなく、その子どもの成長や将来に活かせるものが評価なのだと思います。これは家庭でのフィードバックでも同じことです。

では、実際に「知識・技能」「思考・判断・表現」「主体的に学習に取り組む態度」の3観点を、それぞれどのように評価するのか。

アメリカの教育学者、ブルーム（1913〜1999年）が考えた評価に、**「診断的評価」「形成的評価」「総括的評価」**という三類型があります。

「診断的評価」は、一問一答式で知識の理解度を診断するためのものです。「形成的評価」と「総括的評価」については、前者は簡単に言えば小テスト・平常点、後者が中間テストと期末テストなどをイメージされると思いますが、単純な知識ベースのペーパーテストだけでは測れない力があるので、数値化できないものにも着目しながら評価にあたらなければなりません。

たとえば数値化できない思考力とはどのようなものでしょうか。改訂版のブルームの「タキソノミー（分類学）」では、縦軸と横軸の二次元で示されており、縦軸の知識だけでも「事実的認識」「概念的知識」「遂行的知識」「メタ認知的知識」と系統化され

［図13］教育目標の分類学（ブルーム・タキソノミー）

ブルームの教育目標分類学
【認知的領域】（Bloom,B.S.他）

- ①知識　情報や概念を想起する
- ②理解　伝えられたことがわかり、素材や観念を利用できる
- ③応用　情報や概念を特定の具体的な状況で使う
- ④分析　情報や概念を各部分に分解し、相互の関係を明らかにする
- ⑤総合　様々な概念を組み合わせて新たなものを形作る
- ⑥評価　素材や方法の価値を目的に照らして判断する

改訂版ブルーム分類学（Anderson, L.W.他）

	認知過程の次元					
知識次元	①記憶	②理解	③応用	④分析	⑤評価	⑥創造
事実的認識						
概念的知識						
遂行的知識						
メタ認知的知識						

（出典）梶田叡一著『教育評価（第２版補訂２版）』（有斐閣）、国立教育政策研究所『社会の変化に対応する資質や能力を育成する教育課程編成の基本原理』をもとに整理

ています。要は、**「思考力」などという定義曖昧語に惑わされず、思考力を細分化して評価軸を慎重につくっていく**ということです。評価にあたっては、「思考力とは、そもそも何たるか」といったことをきちんと考え、ほかの評価指標も参考にしながら細かく策定していくことが必要になってきます（図13）。

皆さんのお子さんは、改訂版タキソノミーで言うとどのあたりに課題を持っています

か。もし「記憶」自体も嫌がるとすれば、それに寄り添って教育をしなければならないでしょう。学校ではこうしたことも子どもの数だけ出てきます。その現実を前に、誰一人取り残さない教育・個別最適化の理念というものと、集団授業とのジレンマをどうするかを考えていきます。だから課題設定の際、最大公約数的に「児童生徒全員、これができないだろうからこれを授業にしてしまおう」とするのか。「いやいや、ほかの25人はこれができるけど、残り5人ができないからやるのだ」とするのか。そういうことを、やはり考えていかなければならなくなります。このように**改訂版ブルームのタキソノミーを参照するだけでも、「思考・判断・表現」の「思考」にこれだけの広がりがあることがおわかりになると思います。**

国語の教育における子どもの現状把握と到達目標をどう見極めるか、教育の始点と結点を結ぶか、といったビジョンがなければ、そもそも教育は成り立ちません。大人が子どもに「自分は今、皆さんのこういう課題を克服するために、こんな取り組みをしようとしています。皆さん、ここに来るのがゴールです。ここに到達したかどうかの評価はこのようにします」と言えるかどうかです（評価の基準は活動や取り組みの前に示すのがいいと思います）。子ども自身が「それは確かに、僕／私はできないな」と自覚できる課題に対して、**「あぁ、だから親や先生は、自分たちがその課題を解決できるよう導いてくれているのだな」と理解しながら授業を受けられる環境をつくれるか。**そこが結構大変で、私も決してできているわけではないのですが、こだわっている部分です。

評価については今まさに過渡期で、2023年度時点では小中高ともに、旧課程と新課程とが混在している状況です。旧来の「話すこと・聞くこと」「書くこと」「読むこと」の3領域が、新課程ではこの「思考・判断・表現」の中に入っており、言語のリテラシーは「思考力」の評価対象になっています。

「主体性」はどう評価する？

さて、ここからは「知識・技能」「思考・判断・表現」「主体的に学習に取り組む態度」の3観点評価の実際についてです。

「知識・技能」「思考・判断」の評価については、私も含めて、ここは容易に想像が

[図14]「主体的に学習に取り組む態度」の評価のイメージ

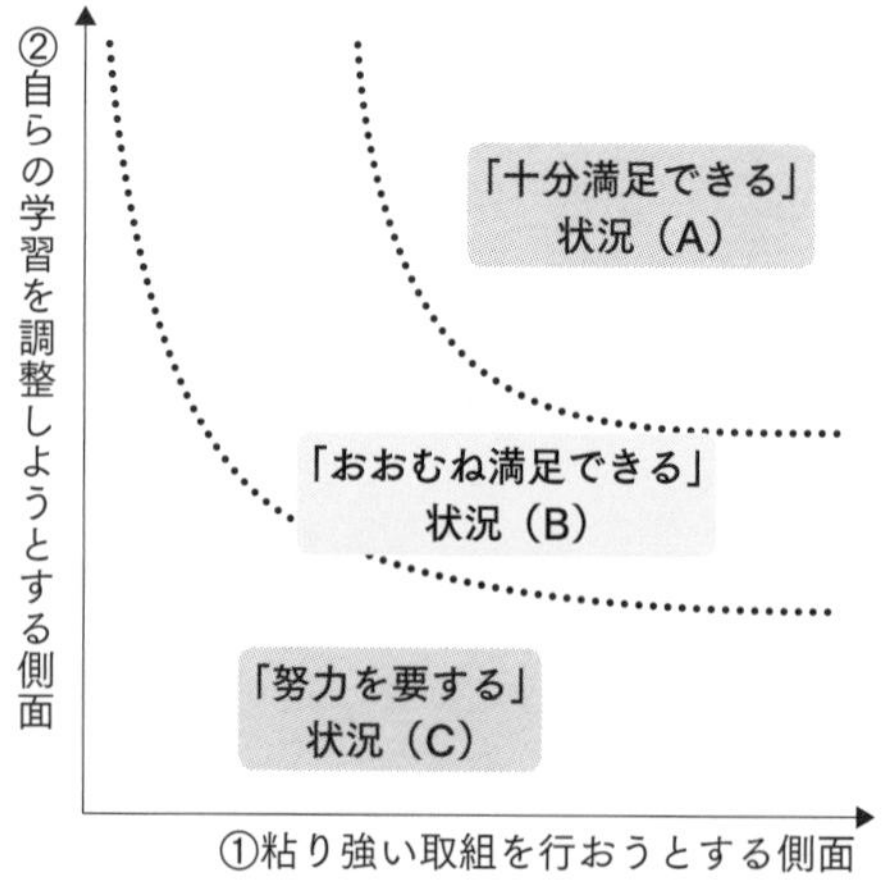

（出典）文部科学省　国立教育政策研究所教育課程研究センター「学習評価の在り方ハンドブック　小・中学校編」p.9

つくと思います。いわゆる答えのある普通のペーパーテストを想像してください。問題は残された「表現」と「主体性」ですね。特に「主体性評価」について国立教育政策研究所は、「主体的に学習に取り組む態度というものは、感性や思いやりとはまた別のものである」と指摘した上で、**横軸が「粘り強い取組を行おうとする側面」、縦軸が「自らの学習を調整しようとする側面」の2軸で評価できる**と示しています（図14）。

　粘り強く自分で計画を立てて学習ができる子は、主体性があると認められるということです。言われてみればそうかなとも思いますが、それだけだろうか、という疑問を抱かれる方もいらっしゃるかもしれません。

皆さんのお子さんの通知表には、主体性の評価規準がどのように書かれていますか。目標とすべき規準や、その達成度を測るための基準が明記されていないこともあろうかと思います。改めて、お子さんの学校の通知表を確認してみてください。そして、学校の評価は置いておいて、皆さん個人の感覚として、主体性（やる気・意欲・関心等含む）とはどのようなものだと思いますか。**皆さんが個人として考える主体性の要素や観点を考えてみると、家庭でのアプローチもイメージしやすくなります。**

主体性評価は、なかなか難しい問題を含んでいます。「思考・判断・表現」自体も境界線が曖昧ですが、さらに「主体性」が絡んでくると、「何をもって主体性とするのか」という疑問が生じます。

わが家には小学生二人と新生児がいます。小学校の個人面談などに私も行くのですが、そこでわが子の日ごろの学習姿勢について担任の先生から言われるわけです。次男は文章を書くのが遅い。書く前に考え込んでしまい、伝える内容が決まるまでは手を動かさない。そうすると面談では「○○君は表現力がちょっとないというか、苦手かもしれませんね」となります。でも私からすると、それは思考力の問題なのです。そこで「先生、それはむしろ考える力の問題ではないでしょうか」と言うのですが、「評価上はそういう基準・対応になっているので……」と言われてしまう。それで私は悶々とするわけです。

また、今は通知表も全教科が3観点からなっていて、わが子の通知表もそれぞれが「よくできる」「できる」「もう少し」という三つの尺度で示されます。子どもはそのような通知表を持って帰ってくるのですが、保護者視点では意味がわからないのです。たとえば思考や主体性が「もう少し」となっていても、家庭で何をすればいいか見当がつきません。親から子にどうフィードバックしていいかもわからない。

誰が悪いという話ではありません。現場も混乱しているのです。先生もわからない、家庭もわからない、子ども本人もわからない。**みんなが何もわからない中で3観点評価が進んでしまっている現状があります。**そんな中で面談に行くと、「息子さんは、毎回、授業で手を挙げてくれてやる気がありますす」と言われるのです。チェックしているのです。毎日の日記のようなものがあって、誰がどの授業で手を挙げたか記録している。「とても主体性がありますね」と言われても、「いやあ、先生、それ、『主体性がある』って言えるのでしょうか。むしろその後の発言内容はどうでしたか」と気になってしまいます。たとえば仮に挙手が義務感や打算によるものであった場合、それは「主体性がない」と見なすべきなのでしょうか。それとも「打算があろうがなかろうが（それは客観的に確認できないので）、自分で学習する子どものことを『主体性がある』と見なすべきなのでしょうか。

このようなことも含め、主体性を「粘り強い取組を行おうとする側面」と「自らの学習を調整しようとする側面」の2軸に限定して評価していいものかどうか、という議論がいま学校で立ち上がっています。そしてこの議論は、学校だけでなく家庭での学習にも波及する問題なのです。

家庭でできること

「問い」を通じて語り合う——八つの問いの類型

さて、ここからはご家庭でできることをお示しします。

私が家庭や学校での教育で大切にしていることがあります。それは**「問いづくり」**です。子どもと一緒に問いをつくるという活動は、知識・考える力・主体性といった、今、学校で求められているさまざまな学力を「見える化」するという意味でうってつけです。ご家庭での問いづくりを通じて、子どもの学力の「いま」を見て取ることができるでしょう。

「問い」と言うと漠然としていますが、私の頭の中には、ざっくりとした類型があります。それが次の八つです。

八つの問いの類型

①言葉の意味に関する問い…… 例 ～の意味は何か？（調べよう）
②文章の表現に関する問い…… 例 ～の比喩を使うことで、どんな効果が生まれるか？
③思想や概念に関する問い…… 例 ○○化って、どういう考え方だろうか？
④思考の具体化・抽象化を促す問い…… 例 ～とあるがたとえば？／つまり、どういうこと？
⑤内容や展開に関する問い…… 例 ～とあるが、理由は？／筆者の言いたいことは？
⑥議論を促す問い…… 例 ～について、みんなどう思う？（意見を交換しよう）
⑦批判的思考《クリティカル・シンキング》を引き出す問い…… 例 筆者は～と主張しているが、どの程度妥当だろうか？
⑧本質的な問い…… 例 〈概念〉は、実社会でどのような意味をなすか？

「①言葉の意味に関する問い」「②文章の表現に関する問い」「③思想や概念に関する問い」「④思考の具体化・抽象化を促す問い」「⑤内容や展開に関する問い」は、旧来的な国語の読解ベースの授業でよく取り上げられるものです。**「教材を（教材について）」考える問い**で、皆さんも学校の国語の時間に一度は耳にしたものだと思います。

「⑥議論を促す問い」「⑦批判的思考《クリティカル・シンキング》を引き出す問い」「⑧本質的な問い」は、その教材から飛び出し、ほかの実社会の事象や社会と結びつくような問いで、**「教材で」学ぶための問い**とも言えます。

私が授業をするときには、「⑧本質的な問い」から旧来的な読解ベースの問いまでたどって考えていきます。**初めに「本質的な問い」の設定をして、そこから逆算して細部を確認し、一つひとつの「意味に関する問い」を設定していく**、というイメージです。新しい文章を読む際、生徒はまず読解ベースの授業から受けるので、授業者の私とは逆順に問いに接することになります。

問いの精度は、家庭や授業を通じてどの次元にまで学びを深めるのかという問題に関わってきます。文章の意味や内容を問うような、旧来的な読解ベースの問いを軽んじているわけではありません。これも大切です。ただ、これに終始するのではなく、しっかり精読した上で、「⑥議論を促す問い」「⑦批判的思考《クリティカル・シンキング》を引き出す問い」「⑧本質的な問い」の三つに到達できるかどうかが問われるのではないかと思っています。

そして、**「問いは誰のものなのか」**を絶えず考えています。もちろん大人や教員も日常生活で使いますが、いずれは子どもにもさまざまな問いをつくってもらわなければいけません。そのためには、**どんなにつたなく思えても、子どもの小さな問いを尊重しながら、みんなで考えるという時間が必要になってきます。**子どもは日ごろ、疑問に思っていることや問題意識を、なかなか表に出してくれない部分があります。これはよく言われる話で、「知的な安全性*」の問題が絡んできます。くだらない質問をすると、馬鹿にされるのではないか。聞いてもどうせ答えてくれないのではないか。クラスづくりに時間がかかるのと同様に、「家庭づくり」にも時間がかかります。**何を言っても否定されないような環境をどのように形成していくのか、ということも大切になってきます。**

*自分の考えたことや疑問に思ったことがいかなるものであっても阻害されないという状態。

問いづくりの手法「QFT」

一つの例ですが、Question Formulation Technique（以下、QFT）という問いづくりに関する本が10年程前に刊行されました（ダン・ロススタイン、ルース・サンタナ著／吉田新一郎訳『たった一つを変えるだけ　クラスも教師も自立する「質問づくり」』新評論）。QFTは、ダン・ロススタインというアメリカの教育者が考案した問いづくりで、いつでもどこでも簡単に問いづくりができますので、活用場面は広いと思います。私も新入生を迎えたあとのアイスブレイクとして、このQFTを使ったことがあります。

QFTでは、問いを所定のルールにしたがってつくっていきます。たとえば物語文を読んだとき、大人があれこれ指示を出す前に、QFTの作法にのっとって、子どもと一緒に「どんな疑問点が浮かんだか」「どこがわからなかったのか」という、「問いの交換会」を開きます（作業に慣れると、大人は子どもから発せられる問いをもとに、言語能力や理解度を診断することができます）。

ＱＦＴで守るべきルールは、次の四つだけです。

ＱＦＴのルール

①できるだけたくさん問いをつくりましょう
②話し合ったり評価したり答えたりしません
③問いをそのまま書き出しましょう
④意見や主張は疑問文に直しましょう

いずれも単純なのですが、２番目の「話し合ったり評価したり答えたりしません」が案外難しいところです。子どもはどうしてもすぐに反応して、つっこみたくなりますから、子どもに「答えないでね」とルールを確認しながら進めていきます。

たとえば、私が昨年、生徒が灘に入学して初めての授業で行った問いづくりがこちらです。ＱＦＴのルールを念頭に置きながら、一度お子さんとチャレンジしてみてください。

例題

昔々、小学校の一年生のころ、ユウキという男の子がいました。ユウキはいつも宇宙に夢中で、宇宙人が友達になりたくてたまりませんでした。

ある日、ユウキが夜空を見上げながら「宇宙人、友達になってくれないかな?」とつぶやくと、なんと宇宙人が突然、彼の前に現れました。宇宙人の名前はゼンタロウ。小さな緑色のボディに、アンテナがついていました。

ゼンタロウはユウキに驚くほど似た言葉で話しかけてきました。「ユウキ、ボクは地球の友達になりたいんだ。」

ユウキは興奮しながら、ゼンタロウを家に連れて帰りました。ゼンタロウは透明なカプセルの中で、ユウキのおもちゃの部屋に置かれました。彼は不思議な能力を持っていて、おもちゃのロボットたちを動かすことができたり、お絵かきのアドバイスをくれたりしました。

だんだんとユウキの友達たちもゼンタロウに慣れ、みんなで楽しい冒険をすることになりました。ゼンタロウはお昼寝の時間にはユウキのポケットに小さくなって入り、学校にも一緒に行くことになりました。先生や友達には見えないけれど、ユウキとゼンタロウは特別な友達になったのです。

そしてある日、ゼンタロウは「ユウキ、ありがとう。でも、ボクはもう宇宙に帰らなくちゃいけないんだ。」と言いました。ユウキは少し寂しそうにしながらも、「またどこかで会おうね！」と言いました。

ゼンタロウは宇宙船に乗り込み、星の中に消えていきました。ユウキはそれ以来、夜空を見上げると、宇宙人の友達との思い出が蘇り、冒険の夢を抱きながら眠るのでした。

作品は物語に限らず、なんでも構いません。漫画でもアニメでも、ＹｏｕＴｕｂｅの動画でもいいのです。ＱＦＴは、このような具体的なコンテンツをもとに、表現・内容・つくり手の考えなど、いろいろなことについて、まずは問いをたくさん出しましょうという取り組みです。ちなみにこの例題の文章、読んでみて読者の皆さんはどんな印象をお持ちになったでしょうか。

この文章に対して、子どもがどんな問いを出してくるか、ちょっと想像してみましょう。

「宇宙人なのになんでゼンタロウという名前を持っているの？」とか、「ゼンタロウはどうして地球で友達を見つけたかったの？」とか、「ゼンタロウはどうして宇宙に帰らなければならなかったの？」など、多くの問いを出してくれるでしょう。

深く考える子どもでしたら「友達には見えないのに、どうやって一緒に冒険したの？」「『竹取物語』のかぐや姫の物語に似ているのはなぜ？」などといった問いもってくると思います。あるいは、「これを書いた作者は、何を伝えたくてこれを書いたの」「はじめの『小学校の一年生のころ』とは誰のこと？」のように、書き手や語り手に対して疑問を持つ子どももいるかもしれません。**QFTでは、対象に関わる問いでしたら、どんなものでも許されます。**

問いをたくさんつくることの意味や価値とはどのようなものでしょうか。

たとえば複数人でこのような問いづくりをすると、たまにではありますが、**一見無関係に見える問いと問いとが結びついて「ブレイクスルー」を起こすときがあるのです。**ここに価値があります。この例題もブレイクスルーが起こり得るものとして提示しています。この作家は誰だと思いますか。ショートショートと言えば……そう、星新一さんですね。でも作家の星新一さんは、読んだ経験のある人ならわかると思いますが、もっと上手いはずです。みんなで一つひとつの問いを考えていくと、「では、何なのか？」と推論が発展していきます。

先ほどの例文がどういう作品なのか、そろそろタネあかしをしましょう。実はこの作品は、私がChatGPTに「小学生でも読める星新一のような小説を書いてください」と投げかけ、創作させた文章なのです。そう、人間が書いたものではないということになります。

不思議なことに、QFTを行うと、特定のグループが「これは本当に人間が書いたものなのか?」という問いに到達します。「これは人間が書いたとは思えない。何か無機質な感じもするし、一応オチもあるんだけど、何かこう無理やりまねたような感じ」といったように。「小説は人間が書くものだ」という固定観念にしばられながら、一人きりで問いを考えていると、この発想には達しません。**家庭や学校で、皆で膝を突き合わせて一つの物事について考えたときにはじめて、「当たり前」にメスを入れるような問いが生まれるのです。**

皆で取り組む問いづくりは、私たちの先入観や固定観念をあぶり出していきます。ある人の問いが土台となって、数珠つなぎで別の問いが生まれ発展していく。その過程で、その場にいる一人ひとりのものの見方や考え方の偏りが表面化していきます。「自分の当たり前は、相手の当たり前ではなかったのだ」「この価値観の違いはどこから来るのだろう」。そうしたことに想いを馳せるきっかけを得られることこそが、問いづくりの醍醐味です。子どもが「問いをつくる主体は自分たちなのだ」と思えるためにも、一つの手段としてＱＦＴを用いた問いづくりを試みてください。

section

2

実践編

家で先生になってみよう
――問いづくり基礎編

さぁ、ここからは、小学校の教科書に実際に掲載されている文章を使って、どのように問いづくりを展開していけばいいかを示していきます。テーマは**「親子問いづくり」**です。ＩＢ教育の概念的な視点や、ＱＦＴの手法も取り入れながら展開していきますので、どうかお楽しみください。

なお始める前に一点、頭の隅に置いてほしいことがあります。この章で挙げる文章は、あくまで問いづくりの考え方や視点をご理解いただくための「例」にすぎません。皆さんの身の回りにあるさまざまな言語コンテンツ（文章・音楽・動画など）を材料に、どうすればお子さんと問いを使いながら言葉のキャッチボールができるのか、ということを考えながら読み進めてみてください。

ではさっそくウォーミングアップとして、小学3年生の国語の教科書に載っている谷川俊太郎さんの詩を例に、見ていくことにします。

まずは親子で次の詩を声に出して読んでみましょう。親子で詩を読む際には、1行ごとにバトンタッチ、あるいは前半5行／後半5行で交代して読むといいかと思います。

例文①

どきん

谷川《たにかわ》 俊《しゅん》太《た》郎《ろう》

さわってみようかなあ　つるつる
おしてみようかなあ　ゆらゆら
もすこしおそうかなあ　ぐらぐら
もいちどおそうかあ　がらがら
たおれちゃったよなあ　えへへ
いんりょくかんじるねえ　みしみし
ちきゅうはまわってるう　ぐいぐい
かぜもふいてるよお　そよそよ
あるきはじめるかあ　ひたひた
だれかがふりむいた！　どきん

（光村図書『国語三　上　わかば』〈令和五年二月五日発行〉所収）

問いをつくってみよう

読み終わりましたら、次にQFTの問いづくりに挑戦してみましょう。次のルール①〜④を確認し、準備が整ったら親子でこの詩に関する問いをどんどん出し、保護者の方が紙に書き出していってください。問いはどんなものでも構いませんが、「気持ちと様子」（問いの焦点）を頭の隅に置いて考えるといいと思います。

制限時間は「10分間」です。それではどうぞ。

QFTのルール

①できるだけたくさん問いをつくりましょう
②話し合ったり評価したり答えたりしません
③問いをそのまま書き出しましょう
④意見や主張は疑問文に直しましょう

【QFTワークシート】

テーマ:「　　　　　　　　　　　　　　　　　」

・メンバー(＿＿＿＿＿＿＿＿＿＿＿＿＿＿＿＿)　書記係(＿＿＿＿＿＿)

・問いの焦点:「　　　気持ちと様子　　　」

・ルール確認

① できるだけたくさんの問いを出す
② 問いについて話し合ったり、評価したり、答えたりしない
③ 問いを発言のとおりに書き出す
④ 意見や主張は疑問文に直す

・問いづくり〈制限時間:　10分　／書き直し時間:　5分　〉

《発言のまま》		《閉じた問い⇔開いた問い》
①「　　　　　　　　」	⇒	「　　　　　　　　」
②「　　　　　　　　」	⇒	「　　　　　　　　」
③「　　　　　　　　」	⇒	「　　　　　　　　」
④「　　　　　　　　」	⇒	「　　　　　　　　」
⑤「　　　　　　　　」	⇒	「　　　　　　　　」
⑥「　　　　　　　　」	⇒	「　　　　　　　　」
⑦「　　　　　　　　」	⇒	「　　　　　　　　」
⑧「　　　　　　　　」	⇒	「　　　　　　　　」
⑨「　　　　　　　　」	⇒	「　　　　　　　　」
⑩「　　　　　　　　」	⇒	「　　　　　　　　」

(※書き直した問いにも通し番号を付すこと)

・ベストな問いとその理由

番号(　　　)
理由

いかがでしたでしょうか。

本文自体は一瞬で読めたかと思いますが、「これをもとに問いをつくりましょう」と言われても、何をどこから考えればいいかわからない部分もあると思います。QFTの1番目のルール「できるだけたくさん問いをつくりましょう」も、問いをつくる上で何か考えるための土台やヒントがなければ取り組みづらいものです。

大人も子どもも、問いというものは自分が見えている世界や持っている知識の中からしか生まれません。その視野を広げるために、改めて前項「家庭でできること」で触れた問いの八つの類型を振り返りましょう。これら八つの問いの類型が、問いをつくる上でのヒントになります。

八つの問いの類型

①言葉の意味に関する問い… 例 ~の意味は何か？（調べよう）

②文章の表現に関する問い… 例 ~の比喩を使うことで、どんな効果が生まれるか？

③思想や概念に関する問い… 例 ○○化って、どういう考え方だろうか？

④思考の具体化・抽象化を促す問い… 例 ~とあるがたとえば？／つまり、どういうこと？

⑤内容や展開に関する問い…例～とあるが、理由は？／筆者の言いたいことは？
⑥議論を促す問い…例～について、みんなどう思う？（意見を交換しよう）
⑦批判的思考《クリティカル・シンキング》を引き出す問い…例筆者は～と主張しているが、どの程度妥当だろうか？
⑧本質的な問い…例〈概念〉は、実社会でどのような意味をなすか？

これだけでは難しいので、次に問いの表現をやさしく書き換えます。

①意味のわからない言葉はなかった？
②文章の中で気になる表現はない？
③擬態語《ぎたい》や擬音語《ぎおん》ってどんなのを知ってる？
④たとえば？　ここはつまりどういうこと？
⑤言葉や文章のまとまりはどうなっているだろう？
⑥話し合いたいことはないかな？
⑦本当にそうかなと思った部分はない？
⑧何か深く考えたくなったことはない？

書き換えられた問い①〜⑧と、自分たちがつくった問いを比べて、何がどこに当てはまるか考えてみてください。

ここで大切なのは、**どの観点が抜けていたか、という振り返り**です。そこから子ども（と親）の視野の偏りを見いだすことができます。

たとえば、観点ごとにあえて問いをつくるなら、どのようなものになるでしょうか。すべてではありませんが、次にその一例を挙げます。

①意味のわからない言葉はなかった？

・「いんりょく」ってどんな意味？

・「ひたひた」って、どんな様子を表す言葉かな？

辞書やタブレットでいっしょに調べてみよう。

②文章の中で気になる表現はない？

・じゃあ、なんで全部ひらがななのだと思う？

あなたがあえてひらがなで書くときってどんなとき？

・「〜なあ」「〜ねえ」「〜るう」「〜よお」「〜かあ」

語尾からどんな気持ちが読み取れるかな？

③擬態語や擬音語ってどんなのを知ってる？

・「つるつる／ゆらゆら／ぐらぐら／がらがら／えへへ／みしみし／ぐいぐい／そよそよ／ひたひた／どきん」の中で「仲間外れ」はどれだろうか？

④たとえば？　ここはつまりどういうこと？

・たとえば、この人はどのようなものを押していると考えられるか？

・「えへへ」とあるけど、ここは一言で言うとどんな気持ちの表れ？

⑤言葉や文章のまとまりはどうなっているだろう？

・それぞれ各行が空白で上と下に分かれているのはなぜだろう？

・最初の5行と最後の5行ってどんなつながりかな？

⑥話し合いたいことはないかな？

・引力を感じるときってどんなとき？（↓意見を交換しよう）

・「えへへ」「どきん」となったエピソードを交換しよう。

⑦本当にそうかなと思った部分はない？

・つかわれている擬態語って、ほかにもっといいものがあるんじゃないかな？

・地球がまわっていることを感じるときってある？

⑧何か深く考えたくなったことはない？

・言葉は人の気持ちや物事の様子をどの程度表せるのだろうか？

・言葉って体の動きでどこまで表現できるだろうか？

自分たちの問いに近いものはありましたか？　また、どの番号が抜け落ちていたでしょうか。

実はＱＦＴには**「問いの焦点」**というものがあり、問いが散漫になったり、広がりすぎたりしないよう、ある程度方向づける役割を担っています。「なんでもあり」のルールで問いをつくり合うのも楽しいですが、そこに深まりや多様性を求めるなら、「本当にそうかな？という部分（⑦）について問いを出し合おう」のように、**８観点のうち、いずれかに焦点を絞って取り組むのも効果的です。**

家で先生になってみよう
――問いづくり発展編

ここからは基礎編に続き、発展編に移ります。

発展編と言っても、問いづくりの基本的な考え方は変わりません。先ほどは低学年の短い詩を取り上げましたので、今度は高学年（６年生）の教科書に掲載されている説明的文章を例にします。こちらも段落で交代して、声に出して読みましょう。

例文②

笑うから楽しい

中村《なかむら》 真《まこと》

私たちの体の動きと心の動きは、密接に関係しています。例えば、私たちは悲しいときに泣く、楽しいときに笑うというように、心の動きが体の動きに表れます。しかし、それと同時に、体を動かすことで、心を動かすこともできるのです。泣くと悲しくなったり、笑うと楽しくなったりするということです。

私たちの脳は、体の動きを読み取って、それに合わせた心の動きを呼び起こします。ある実験で、参加者に口を横に開いて、歯が見えるようにしてもらいました。このときの顔の動きは、笑っているときの表情と、とてもよく似ています。実験の参加者は、自分たちがえがおになっていることに気づいていませんでしたが、自然とゆかいな気持ちになっていました。このとき、脳は表情から「今、自分は笑っている」と判断し、笑っているときの心の動き、つまり楽しい気持ちを引き起こしていたのです。

表情によって呼吸が変化し、脳内の血液温度が変わることも、私たちの心の動きを決める大切な要素の一つです。人は、脳を流れる血液の温度が低ければ、ここちよく感じることが分かっています。笑ったときの表情は、笑っていないときと比べて、鼻の入り口が広くなるので、多くの空気を取りこむことができます。えがおになって、たくさんの空気を吸いこむと、脳を流れる血液が冷やされて、楽しい気持ちが生じるのです。

私たちの体と心は、それぞれ別々のものではなく、深く関わり合っています。楽しいという心の動きが、えがおという体の動きに表れるのと同様に、体の動きも心の動きに働きかけるのです。何かいやなことがあったときは、このことを思い出して、鏡の前でにっこりえがおを作ってみるのもよいかもしれません。

（光村図書『国語六　創造』〈令和五年二月五日発行〉所収）

先ほどの詩とは打って変わって、字数も多くなりましたし、説明的文章ということで、論理展開を追う必要も出てきますが、まずは気になった点を問いの形で出し合いましょう。制限時間は5分とします（前掲のワークシートを参考に必ず紙に書き出してください)。
もし万一、問い出しに詰まったら、以下の観点を参考にしましょう。

①意味のわからない言葉はなかった？
②文章の中で気になる表現はない？
③心の動きってどういう考え方？
④たとえば？　ここはつまりどういうこと？
⑤言葉や文章のまとまりはどうなっているだろう？
⑥話し合いたいことはないかな？
⑦本当にそうかなと思った部分はない？
⑧何か深く考えたくなったことはない？

ある程度問いが出そろいましたら、その問いはそのままに、さらに別の文章に移ります。

ここで、話が問いづくりから少し横道に外れますが、現在の小学校・中学校・高等学校の教科書には**「比べ読み」**の単元が設けられていることを知っておくといいかと思います。これは保護者世代の教科書との決定的な違いかもしれません。

一つの文章教材を読んで終わるのではなく、関連教材と読み比べながら、書かれている内容を吟味していくのです。これは、小・中学生が受験する「全国学力・学習状況調査」や、大学入学前に受験する「大学入学共通テスト」の国語の問題にも取り入れられていますので、遅かれ早かれ、こうした言語活動にも慣れておく必要があります。ただそうは言っても、学校で何本も比べ読みをする時間的余裕はありませんので、たとえば学校やプライベートで読んでいる文章を別の文章やインターネット記事に紐づけて考えたり、ほかの情報・データと結びつけて検討したりするような、論理的な思考のトレーニングが必要になってきます。

話を問いづくりに戻します。

次の文章は先ほどの『笑うから楽しい』に関連する文章です。どのようなテーマが共通しているのかを考えながら、声に出して読み合ってみましょう。

例文③

時計の時間と心の時間

一川《いちかわ》　誠《まこと》

私たちは毎日、当たり前のように時間と付き合いながら生活しています。みなさんも、全く時計を見ずに過ごす日はないでしょう。そんな身近な存在である「時間」ですが、実は、「時計の時間」と「心の時間」という、性質のちがう二つの時間があり、私たちはそれらと共に生きているのです。そして、私は、「心の時間」に目を向けることが、時間と付き合っていくうえで、とても重要であると考えています。

みなさんが「時間」と聞いて思いうかべるのは、きっと時計が表す時間のことでしょう。私はこれを、「時計の時間」とよんでいます。「時計の時間」は、もともとは、地球の動きをもとに定められたもので、いつ、どこで、だれが計っても同じように進みます。しかし、「心の時間」はちがいます。「心の時間」とは、私たちが体感している時間のことです。みなさんは、あっというまに時間が過ぎるように感じたり、なかなか時間がたたないと思ったりしたことはありませんか。私たちが感じている時間は、いつでも、どこでも、だれにとっても、同じものとはいえません。「心の時間」には、さまざまな事がらのえいきょうを受けて進み方が変わったり、人によって感覚がちがったりする特性があるのです。

分かりやすい例が、「その人がそのときに行っていることをどう感じているかによって、進み方が変わる」というものです。みなさんも、楽しいことをしているときは時間がたつのが速く、たいくつなときはおそく感じたという経験があるでしょう。このようなことが起こるのは、時間を気にすることに、時間を長く感じさせる効果があるためだと考えられています。例えば、あなたがゲームに夢中になっているときには、集中しているので、時間を気にする回数が減ります。すると、時間はあっというまに過ぎるように感じます。逆に、きらいなことやつまらなく感じることには、集中しにくくなるので、時間を気にする回数が増えます。その結果、時間がなかなか進まないように感じるのです。

一日の時間帯によっても、「心の時間」の進み方は変わります。実験①はこの変化について調べたものです。実験の参加者に、一日四回、決まった時刻に、時計を見ないで三十秒の時間を計ってもらい、そのとき「時計の時間」がどのくらい経過していたかを記録してもらいました。実験①のグラフは、それぞれの時刻ごとに、記録の平均を示したものです。グラフを見ると、感じた時間は同じ三十秒でも、朝や夜は、昼に比べて長い時間がたっていたことが分かります。つまり、昼よりも時間が速くたつように感じているということなのです。これは、その時間帯の体の動きのよさと関係があると考えられています。私たちの体は、朝、起きたばかりのときや、夜、ねる前には、動きが悪くなります。すると、昼間であればすぐにできることでも、時間がかかるので、あっというまに時間が過ぎるように感じるのです。

　身の回りの環《かん》境によっても、「心の時間」の進み方は変わります。これは、身の回りか

実験①　時間帯による時間の感じ方の変化

　計測した時刻ごとに、複数の参加者の記録を平均し、その数値《ち》をグラフとして表した。

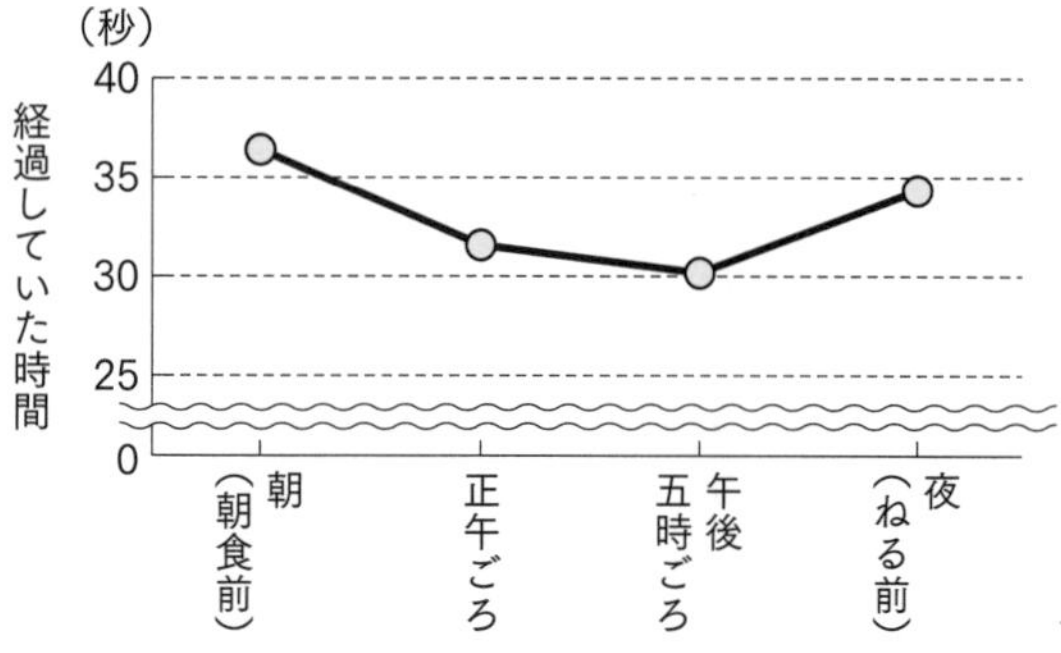

ら受ける刺《し》激の多さと関係があります。実験②は、円で表した刺激の数と時間の感じ方との関わりを調べたものです。複数の参加者に、さまざまな数の円を、同じ時間、映した画面を見てもらいます。そして、円の増減によって、円が表示されていた時間をどのくらいに感じたかを調べました。すると、表示時間が同じでも、円の数が増えるほど、長く映っていたように感じる傾《けい》向があったのです。このような結果から、例えば、物が少ない部屋よりもたくさんある部屋のほうが、身の回りから受ける刺激が多いので、時間の進み方がおそく感じるのではないかと考えられます。

　さらに、「心の時間」には、人によって感覚が異なるという特性があります。ここで、

実験②　刺激の増減による時間の感じ方の変化

　灰《はい》色の画面に、刺激として白い円を表示する。円の数をさまざまに変えて、円が表示された時間が、数によってどのくらいに感じたかを調べる。

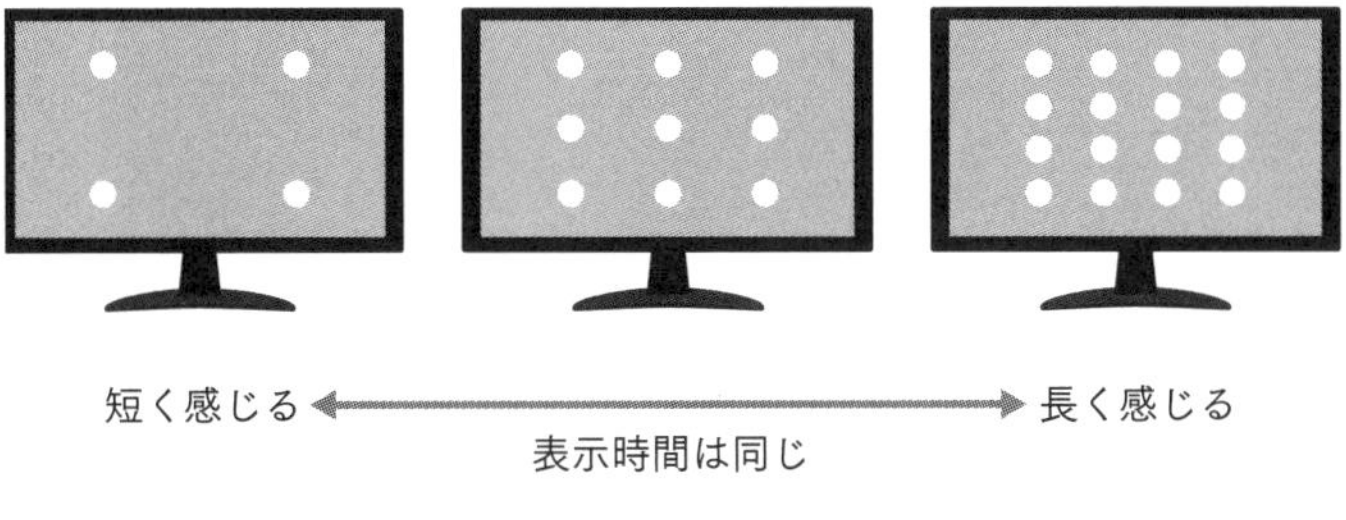

簡単な実験をしてみましょう。机を指でトントンと軽くたたいてみてください。しばらくの間、くり返したたくうちに、自分にとってここちよいテンポが分かってくるでしょう。このテンポは人によって異なるもので、歩く速さや会話での間の取り方といった、さまざまな活動のペースと関わりがあることが分かっています。そして、このペースと異なるペースで作業を行うと、ストレスを感じるという研究もあります。みんなで同じことをしていても、私たちは、それぞれにちがう感覚で時間と向き合っているのです。

ここまで見てきたように、「心の時間」は、心や体の状態、身の回りの環境などによって、進み方がちがってきます。また、私たちはそれぞれにちがう「心の時間」の感覚をもっています。そうした、「心の時間」のちがいをこえて、私たちが社会に関わることを可能にし、社会を成り立たせているのが「時計の時間」なのです。このことから、「時計の時間」が、私たちにとっていかに不可欠なものであるかが分かります。それと同時に、「時計の時間」と「心の時間」には、必ずずれが生まれることにも気づくでしょう。「心の時間」の感覚のちがいもあわせて考えれば、いつも正確に「時計の時間」どおりに作業し続けたり、複数の人が長い時間、同じペースで作業を進めたりすることは、とても難しいことだと分かります。
このように考えると、生活の中で「心の時間」にも目を向けることの大切さが見えてくるのではないでしょうか。さまざまな事がらのえいきょうで、「心の時間」の進み方が変わると知っていれば、それを考えに入れて計画を立てられるでしょう。また、人それぞれに「心の時間」の感覚がちがうことを知っていれば、他の人といっしょに作業するときも、たがいを気づかいながら進められるかもしれません。私たちは、二つの時間と共に生活しています。そんな私たちに必要なのは、「心の時間」を頭に入れて、「時計の時間」を道具として使うという、「時間」と付き合うちえなのです。

（光村図書『国語六　創造』〈令和五年二月五日発行〉所収）

読み終わりましたら、問いづくりに入る前に、この2本の文章の共通点・相違点が何か、自由に感想を交換してみてください。
比べ読みの話し合いが終わりましたら、これら2本の文章についての問いを、先ほどのワークシートの続きに記入していきます（ここで出す問いは、2本目に限定したものでも構いませんし、2本全体に関わるものでも構いません）。制限時間は5分です。

問いを書き直してみよう

問いが出そろいましたら、ここからは親子で問いを書き直す作業をしてみましょう。**ここからは互いに相談しても構いません。**まず、自分たちがつくった問いがそれぞれ「閉じた問い」「開いた問い」のいずれにあたるかを考え、分類していきます。

- **閉じた問い（クローズド・クエスチョン）…「はい／いいえ」または短答で答えられる問い**
- **開いた問い（オープン・クエスチョン）……「はい／いいえ」または短答で答えられない問い**

分類が終わったら、ワークシートの各問いの末尾に「閉／開」を書き入れ、今度は「閉じた問い」は「開いた問い」に、「開いた問い」は「閉じた問い」に書き直していきます。

例 **人は悲しいときに泣くのか？（閉）　↓　人はなぜ悲しいときに泣くのか（開）**

この作業を通じて問いの幅が広がっていきます。そして、これらのつくり直された問いが、このあとそれぞれの問いについて親子で考えていく際の糸口になります。

【QFTワークシート】(記入例)

テーマ:「　　　　心と体　　　　」

・メンバー(　さおり、はると　) 書記係(　さおり　)

・問いの焦点:「　人間の体と心はつながっている　」

・ルール確認

① できるだけたくさんの問いを出す
② 問いについて話し合ったり、評価したり、答えたりしない
③ 問いを発言のとおりに書き出す
④ 意見や主張は疑問文に直す

・問いづくり〈制限時間: 10分 ／書き直し時間: 5分 〉

《発言のまま》		《閉じた問い⇔開いた問い》
①「血液温度が低いとここちいいのはなぜ?(開)」	⇒	「血液温度が低いとここちいい?(閉)」
②「笑うと本当に鼻の入り口は広くなる?(閉)」	⇒	「笑うとなぜ鼻の入り口は広くなる?(開)」
③「空気を吸い込むと血液温度は下がるの?(閉)」	⇒	「空気を吸い込むとなぜ血液温度は下がるの?(開)」
④「心の動きってなに?(開)」	⇒	「心は動くの?(閉)」
⑤「心ってなに?(開)」	⇒	「心はほんとうにあるの?(閉)」
⑥「えがおになると楽しい気持ちが生じるの?(閉)」	⇒	「人はなぜえがおになると楽しい気持ちが生じるの?(開)」
⑦「時間の時計と心の時計が同じ人はいない?(閉)」	⇒	「時間の時計と心の時計はなぜちがう?(開)」
⑧「みんなで同じことをすると苦しい人がいる?(閉)」	⇒	「みんなで同じことをするとなぜ苦しくなるの?(開)」
⑨「えがおになると心の時間はどうなるの?(開)」	⇒	「えがおになると心の時間ははやくなる?(閉)」
⑩「　」	⇒	「　」

(※書き直した問いにも通し番号を付すこと)

・ベストな問いとその理由

番号(⑨)
理由 二つの文章を組み合わせることで、新しい問いを生み出したから。

自分たちがつくった問いについて語り合おう

2本の説明的文章から、つくり直しも含めて、どのような問いが生まれたでしょうか。「笑うから楽しいのではなく、楽しいから笑うのではないか？」「『心の時間』と『時計の時間』はどのように両立できるのか？」など、さまざまな問いが生まれたのではないかと思います。

問いづくりそのものを目的にして、そこで終わってしまっては意味がありません。つくった問いのリストの中から、ぜひ親子で「ベストな問い」を選び、食事中や寝る前などにその問いについて語り合ってください。大人が答えを示す必要はありませんし、互いに論理で言いくるめようとする（論破する）必要もありません。

大切なことは、**問いを個人の頭の中や、特定の教材の檻の中に押しとどめるのではなく、それを言葉でアウトプットし、互いの意見を自由に交換し合うこと**なのです。

COLUMN

「答えのない問い」ってなんだろう？

第2章では家庭での問いづくりの実践を紹介しました。問いづくりをする上で一点補足したいことがあります。それは「答えのある問い／答えのない問い」という二分法には気をつけましょう、ということです。

VUCA（Volatility 変動性・Uncertainty 不確実性・Complexity 複雑性・Ambiguity 曖昧性という四つの単語の頭文字を取った言葉）と表現されるように、昨今はよく先行きの見えない流動的な世界だと言われます。未来に見通しがきかない社会だからこそ、「答えのない問い」に向き合える力が必要だと声高に叫ばれているのです。でも、果たしてそうなのでしょうか。

私の主張は大きく二つあります。まず、VUCAという概念そのものへの疑義です。変動性・不確実性・複雑性・曖昧性を特徴とする社会は、何も現代に限った話ではありません。程度の差こそあれ、いつの時代も先行きは見えないのです。いたずらに子どもの不安を煽るのではなく、変動性・不確実性・複雑性・曖昧性を特徴とする社会だからこそ、「因習や固定観念にしばられることなく自由に生きられる」とポジティブなメッセージを送りたいものです。

次に、「答えのない問い」を持ち上げる風潮への違和感です。たとえば、大学の研究や、中学・高校での探究活動もそうですが、「答えのない問い」をそのまま探究のテーマにすることはできません。むしろ大事なことは、「答えのない問い」を、分析・検証可能な「答えのある問い」の次元まで限定化したり、具体化したりする力です。「愛とは何だ」「平和とは何だ」では、論文にはなり得ません。「答えのない問い」をさまざまな角度から分析して解きほぐし、「答えのある問い」との結節点を見いだす力が求められているのです（第2章でご紹介した「本質的な問い」も、最終的に子どもが特定の条件づけや具体化によって「答えのある問い」につくり変えることを企図しながら設定しています）。壮大で抽象的な「答えのない問い」を、まずは自分が解決・検証できる部分まで落とし込み、仲間とともに細かな解決を積み重ねていくこと。いわば、問いを状況に応じて適切につくり変え、粘り強く向き合っていく姿勢をこそ大切にしてほしいと考えています。

問いづくりに話を戻すと、こうした双方向的な問いをベースにした子どもとのやりとりにハードルの高さを感じる方もいらっしゃるかもしれません。それは私たち保護者世代が、概して一方的に学校で「教えられてきた世代」だからです。「問うのではなく、黙って聞きなさい」と、ずっと抑圧されてきた人間（しかも、私などはそれで学校教員になった人間）が、いきなり「自分で考える教育を」「ともに学ぶ教育を」と言われて、戸惑いを覚えるのは当然です。

また、これは親の「権威」の問題にも波及します。たとえば、一方的に子どもを従わせるための言葉や、大人の論理で支えられている考え方をどう脱ぎ捨てられるか、これも大きな課題になるでしょう。

また、子どもの側も、初めは問いづくりに抵抗感を覚えるかもしれません。現代人の病魔「役に立つ病」が根っこにあるからです。受験の役に立つ、日常生活での実用性があるなど、子どもは非常に近視眼的な合理主義に陥りがちで、大人もまたその風潮に迎合してしまう部分があります。大人も子どもも、こうした価値意識を変えていく必要もあろうかと思います。

ちなみに灘校旧教員の橋本武先生は、ノートやワークシートをしっかり準備して国語の授業をされていたようですが、学校に保管されている手づくりの教材を確認すると、決して教え込む授業ではなく、生徒の「体験」に根差した言葉や表現を重視されていたことがうかがえます。学習ノートに自分の考えや解釈を書き込む、成果物を文集にして読み合うなど、言葉でこうだと教える前に、まず教員や生徒がフラットな立場で体験をともにするということ。昭和の当時から「ともに学ぶ」というスタンスを体現されていました。

今まさに現職教員の一人として学校の現状を率直に申し上げると、現代の学校はとにかく時間がありません。体験より合理を優先せざるを得ないような風土が醸成されている部分があることは否定できません。これは、日々のさまざまな言語活動においても顕在化しています。たとえば評論文を要約するときには、具体例はいらないものとして削られてしまいます。また、文章を読む際にも、文章中の具体的なエピソードは価値がないものとして飛ばされてしまうこともあります。書く作業もそうです。小論文の授業でも、自分の体験を具体例として入れ込むことは避けるように指導されることもあります。このように、具体的な体験を、普遍的な理念や法則より下に見るような動きがどこかにあるのです。このような指導をしていくと、生徒は授業内でも自分の体験を言いたがらなくなってきます。

ネックとなるのは10代の教育です。特に、学年が上がるにつれて言いたがらなくなります。小学生でも、中高と上がっていくにつれて、失敗することを恐れてか、口数が減ってきて当たり前のことしか言わなくなります。

　これは自戒の念を込めてですが、自らの体験を大切にし、そこに思考の糸口があるのだということに気づける学習者を育まねばなりません。具体的な体験を積み重ねて、自分という一個の人間を形づくっていくこと。そのためには学校のみならず、家庭でも日常的なコミュニケーションの中で、体験を言語化し、共有し合うことが大切になってきます。

第3章

国語のお悩みQ&A

「こんな悩み、誰に相談したらいいんだろう…」

子どもの国語力をめぐるお悩みは実にさまざまです。第3章では、国語力に関する保護者のお悩みに対話形式でお答えします。

Q1

小学校の低学年の子どもが、
家で会話をするときに
単語の羅列になっています。
どうすれば改善するでしょうか。

どんな子どもでも最初は持っている社会性スキルは低いものです。家族ならその低さを汲み取りながらコミュニケーションを取ってくれます。それがやがて、交友関係やコミュニティが広がるにつれて、自分が持っている言語の文脈だけでは意思疎通が図れない時期がやってきます。たとえば中学に進学すると、いろいろな地域から生徒が集まり、これまで会ったことがない多種多様な大人たちとも出会います。そこでは相手に自分の言葉がどう受け取られるのか、聞き手のことを意識して話さなければなりません。生徒自身も「これまでとは勝手が違う」という失敗体験を通じて、話し方を修正していく必要性を理解します。大切なのは、**失敗から時や場所、相手に応じて話し方を使い分けることを学ぶことです。**

もし、お子さんの自宅での話し方が単語の羅列のままで気になるようでしたら、**「その話し方ではお母さんにはわかるけれども、お友達や先生にはわからないと思うよ」などと指摘して、面倒くさがらずに言葉を補って説明させるようにしてほしいですね。**

私からつけ加えると、日本語は、同じ価値観や知識がなければ通じないような話し方がされやすいハイコンテクストな言語です。でも、これから人口が減っていく中で、

子どもたちが生きる未来は、多様なバックグラウンドを持った人たちとともに生きていくような社会が想像されます。仮にそこが日本語が使える世界であっても、阿吽《あうん》の呼吸ではなく、**言葉を尽くしてお互いに理解し合うようになる**と思います。ですから井上先生がおっしゃるように、お子さんが小さいころからこまめに言葉を補う練習をするのはとても大切ですよね。大人になってから急にできることではないので。

そうですね。「言葉を補う」と一口に言っても、単に「てにをは」を単語と単語の間に補うだけではなくて、一つの文章の中でも、単語の重みづけが全然違います。**自分が伝えたいことの中でもどこを一番重視しているのか、何を伝えたいのかを自分で考えて、相手の理解度を想像して伝える作業が必要です。**

言葉の言い換えのキャッチボールですよね。子どもの発話が二語文、三語文と発達していく中で、親が子どもの言いたいことを理解するのに苦労することがありますが、上手な親は適切に「言い換え」をしてあげています。親が子どもの話を聞いて「それはこういうことなの？」と聞き返して、子どもが「違う」と答えたら再び「それじゃ

あ、こういうこと?」と問い直すというキャッチボールの中で、子どもは表現の仕方を身につけていきます。親がそういう壁打ちの相手になることは大事ですよね。

そのとおりです。たとえば子どもとスーパーマーケットに買い物に行って、子どもが「ケーキ!」と一つの単語を発したときに、親が「どういうこと?」と聞き返して「私はあのケーキが食べたい」と子どもに言い直させても、あまり意味はありません。その子が「どんな」ケーキを食べたいのか、「なぜ」食べたいのかとどんどん親から聞いてあげると、その**コミュニケーションの中で子どもは言葉を補っていきます。**

子どもはケーキ売り場がきれいで眺めたいだけなのかもしれないし、あるいは本当に買ってほしいと思っているのかもしれません。**どんどん聞き返していくうちに子どもは語彙力や表現力を蓄積していく**はずです。

言語表現としての「正しさ」も確かに大事ですが、それ以上に子どもが何を考えているのかを引き出してあげてほしいですね。

Q2

答えが一つではないような問いに対して、子どもが答えたがりません。

学校のテストや受験勉強で求められる「唯一解」に慣らされてしまった子どもは、答えが一つではない問いそのものを重視しない傾向があります。 いずれ実社会に出ることを考えると、教員としても、こうした子どもに対して不安を覚えます。

私は授業で「問い」と「質問」という言葉を意識して使い分けています。「問います」と言うときには、答えは一つとは限らないことを示しています。一方、「質問します」と言うときは、何かしら答えが限定されたり、教科書の本文などに答えがあったりする場合です。つまり「問います」と話しかけているときには、私も君たちとともに考えますよ、と伝えているのです。このように、問われたとおりにギアを変えながら考えていく作業は大事だと考えています。

ただ、授業の中で「問います」と言うと、「何を言ってもいいんだな」ということになってしまって、モチベーションが高まらない生徒が一定数いますね。

親として知っておくべきことはありますか？

自身の子育てを振り返っても、たとえば就学前の子どもだと、「これの名前は？」や

「食べてもいい?」といった「閉じた問い」が多く、**小学校に上がると「どう思う?」や「なぜだろう?」と、答えがいくつもあるような「開いた問い」が増えてくるように思います。**ただ、学校では唯一解が多く発せられる傾向が強いので、そこで子どもが「答えのある質問に答えられることがすごい」と思い込んでしまうと、答えのない問いに抵抗感を示すこともあろうかと思います。

最近は、中学受験の入試問題でも「あなたの考えを書きなさい」といった設問が少しずつ増えていますし、総合型選抜では答えが一つではないような書類の提出を求められます。入試対策のためと言ってしまってはあまり健全ではありませんが、この面からも答えが一つではない問いに慣れておくのがいいかもしれません。

たとえば、普段から子どもが問いかけてきたことに対して、親が一緒にブレーンストーミングしながらいくつも答えを出してみて、**子どもがユニークな答えを返してきたら思い切り褒めてあげたりしながら親子の対話を楽しんでいけば、家庭での心理的安全性が担保されるようになりますよね。**「家の中では自分の考えをなんでも言っていいんだ」というように。

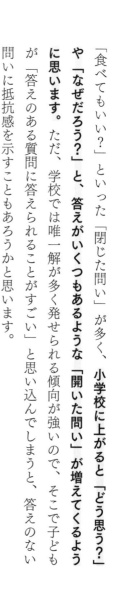

そうですね。**唯一の正解を答えることに慣れた子どもたちにとっては、「なんでも言っていいんだ」「どんな答えも等しく評価される（差がつかない）」というのがいやだと思うので、ぜひそこを家庭でフォローしていただきたいです。**

すでに触れましたが、ＩＢのエッセイや論述の課題では、「こういうところを評価します」と事前に評価基準が提示されます。しかし日本の論述問題では、「このテーマについてあなたの意見を述べなさい」と問われはするけれども、「どのような意見文を高く評価します」という尺度は明らかにされていませんから、子どもは当然戸惑います。

欧米では、学校の校風やアドミッション・ポリシー（入学者受け入れ方針）、ディプロマ・ポリシー（卒業認定・学位授与の方針）にマッチするかどうかで入学者を選びますよね。その点、日本の総合型選抜を行っている私立の学校や大学ではどのように採点しているのでしょうか。

表現力や具体性、論理性といった評価の観点はもちろんあると思います。採点側は

必ず評価基準を持っているはずなのでそれを公開すればいいのですが、それを見せずに「書きたいように書いてください」と受験者に要請している現状も散見されます。受験者からすれば怖いですよね、何を評価されるのかわからないまま書かなければならないわけですから。

確かに。

評価のためのルーブリック（65ページ参照）や解答例を公表するなど、ちょっとした工夫で改善できそうな気がします。

Q3

うちの子はあまり他人の意見に関心を示そうとしません。社会に出たあとのことを考えると心配です。

このご相談者のように、他人の意見に耳を傾けない子どもは少なからずいます。一方、他人の意見ばかり聞いて、そもそも自分の考えを持たない子どもも心配ですが、両者に共通するのは、他者と話し合ったり意見交換したりすることで自分の考えが変わった、という体験をしていないということです。

「自分だけが納得する意見は持っていて、それを他人に否定されたくない」という考えが前者は根底にあるのかもしれません。でも**実際の学校の社会的な場では、自分とは異なる意見を持つ子がいて、話していく中で「なるほど、それも一理あるかもしれない」と自分の考え方が広がったり狭められたりします。それは本来、喜びを伴う体験のはずです。**

そのような体験をしてこなかったと思われる生徒が、灘校にもチラホラと見られます。特に入学したばかりのころは学校の中でかたくなに自分を変えようとしないわけです。一つの学び舎でいろいろな子たちとともに学び合うことの価値を理解するためには、周囲と信頼関係を結び、視野を広げる必要がありますが、これにはある程度の時間を要します。

日本の学校では「みんなと一緒に仲良くやりましょう」という教育が行われていますが、「〇〇さんの話を聞いてみましょう」といった、全く異なる意見にフォーカスして傾聴するといったことを教室の中であまりやっていないように感じます。教員の側からしても、限られた授業時間の中で最初から決めておいた落としどころに持っていこうとすると、流れを変えてしまうような意見や議論が始まることを避けざるを得なくなる。それは親も同じかもしれません。

そうなると、子どもも「別に自分の意見を言っても仕方ないし」と思って黙ってしまいます。**子どもがおもしろい考えを持っていたとしても、それが表に出てこないような雰囲気が、学校や家庭の中にいまだにあるのではないでしょうか。**

今から10年ほど前に「アクティブ・ラーニング」（児童生徒が能動的に学習に取り組むための視点）が流行りましたが、そのときに灘校の生徒たちは、形式的なペアワークや対話をいやがったんです。なぜなら、彼らの中には「数学といえば〇〇君」というように学年やクラスに教科ごとのスペシャリストがいて、休み時間になるとその子のもとに集まって一緒に勉強を教え合う習慣があるからです。彼らからすれば、今さら形

式的なアクティブ・ラーニングなど不要だと。「自分が話を聞きたい相手は自分で決めたい。たまたま隣の席に座っている子や同じクラスの子の話を聞きたいわけではない」という考えです。これはこれで問題で、「話題を共有できる相手とだけつながりたい」ということですよね。

では現実の社会でも「聞くに値する価値がある人間」を選べるかと言えば、そんなことは不可能です。自分が尊敬する人たちだけに囲まれて社会生活を送れるのであればいいですが、そんなことはあり得ません。**案外、自分が興味を持っていなかった相手から、意外な意見が出てきたりします。**そういう意味での成功体験をしたことがない子どもが多いような気がします。

そのような状況に対して、家庭で何かできることはないのでしょうか。

難しい問題です。進学校に来ると、学校の中では会えないような生徒に会う機会がどうしても減ってしまいます。灘校では授業のない土曜日に総合学習の一環として、外部講師や卒業生を招いて「土曜講座」を開いています。平常の授業とは違って受講

者の学年も人数もばらばらで、講師も普段授業では扱わないようなことをテーマにお話しされます。こうした**コミュニティの外との接点を多くつくる**ことです。これは家庭でも同じです。何も実際に家の外に出ようということではありません。それこそ**本を読んで意見を語り合う**ということでも構いません。

同質性の高い進学校の子どもたちが、またきわめて同質性の高い東京大学などに進学するわけですよね。

アメリカの大学の場合は、同じ高校から同じ大学に１００人以上進学するなどということはあり得ません。同じ高校からハーバード大学に何十人も合格することは絶対にないんですね。世界トップクラスの大学であっても、入学審査では多様性が重んじられ、ホームレスだった子を入学させたりもしています。学力的には決して十分ではないけれども、その環境の中でここまで努力してきたことを認める、というように。今の日本の教育における同質性の高さは問題だと感じます。

親にしても、従来的な答えありきのペーパーテストで評価されるような世界で学校

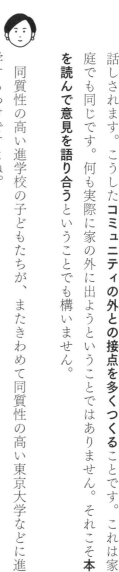

生活を過ごしてきた方がほとんどだと思います。だから、どうしてもお子さんにも○×という価値観で接してしまうのかもしれません。

広い世界を考えたときに、そういう価値観に問題があるのではないか、という気持ちが親にあればいいのではないでしょうか。

たとえば、**答えが決まっているテストで「×」のつけられた答案用紙を子どもが持ち帰ってきても、ちゃんと答案を見てあげて、「こんなことを考えたんだ、すごいね」と一言フォローしてあげる**だけでもいいと思います。そうすれば、子どもは「テストでは×になったけど、自分の考えたことを言っていいんだ」と思えるでしょうし。そういう気持ちを子どもにはずっと持っていてほしいですよね。

一方で、就職活動の場では「あなたはどこがユニークなんですか？」といったことを聞かれ、いざ社会に出てみると、会社によっては社内に同調圧力があったりするので、矛盾が多いと感じます。

なかなか根深い問題です。ところで加藤さんはインターネットでエゴサーチはされ

ますか？　自分を非難するような意見って怖くないですか？

エゴサーチはほとんどしないです。特に匿名の意見は見ないですね。

そうですか。自分に同調したり賛同したりしてくれる意見は知りたいですが、反対する意見に触れるのって怖いですよね。自分の意見というのは自分の論理や根拠に基づいて成り立っているものなので、それを切り崩されるのは苦痛です。**「自分とは真逆の考えの人とは基本的に接しないほうが多い」という意味では、大人も「他人の意見に関心がない」状況だと言えます。**難しいですね。

社会ではいやな人たちともつき合わなければならないし、特にこれからの時代は、日本人には想像もできないような文化の中で育った人たちと一緒に働く機会も増えるでしょう。そのことを保護者は自覚しておいたほうがいいと思います。**どんなことでもきちんと言葉を尽くして説明する習慣を身につける**、ということが大切になってくるのではないでしょうか。

Q4

子どもは小学校に入ったばかりですが、筆圧が弱い上に字をきれいに書けません。「こ」と「2」、「わ」と「れ」、「ら」と「3」などの区別がつきません。

お子さんが小さいと、このようなお悩みを持つ方は多いかもしれませんね。「筆圧が弱い」という問題は濃い鉛筆に変えることで解決できますが、井上先生のお子さんは何の鉛筆を持たせていますか？

うちの子はＢの鉛筆ですね。親が指定したわけではなく、小学校の先生にすすめられたと言っていました。

そうですか。それが最近では２Ｂが学校でのスタンダードになっているという話を聞いたことがあります。

筆圧の弱さの背景には、子どもの手の力の低下があると言われています。今は生活が便利になって、蛇口をひねらなくてもセンサーで水が出るようになりましたし、日本は超高齢社会なので、ペットボトルの蓋からお菓子の袋まで、手の力が弱いお年寄りでも簡単に開けられるように配慮されているそうです。そうすると、子どもが生活の中で手の力を必要とするような場面が激減してしまうわけです。

私が以前、幼児教室の先生を取材した際にも、輪ゴムを使ってカードを束ねたり、水筒の蓋を開けたりすることができない子どもが増えているという話をうかがいました。保護者の方には、子どもの筆圧が弱くなってしまうことの背景にある、こうした時代の変化に注目していただきたいです。

このご相談の場合は、「どうすればいいか」というより、「なぜそうなったのか」という視点も重要になってくるということですね。

そうですね。子どもの筆圧が弱くなってしまう時代背景を保護者が認識した上で、**子どもが手をしっかりと鍛えられるような体験をたくさんさせてあげてほしいです。**たとえば**雑巾を固く絞って家の床拭きを手伝ってもらう**ということでもいいかもしれません。今は学校現場にタブレット端末が入ってきていますし、生活の中でもスマートフォンをタップするような場面が増えましたが、やはり手の力や手先の器用さは、生きていく上で必要です。**手は脳の発達にもつながっているわけですし。**

このご相談者は「字をきれいに書けない」ともおっしゃっていますが、この場合の

「きれいに書けない」というのは「字が整っていない」という意味ではなくて、「字が薄すぎて読み取れない」ということもあるかもしれません。

タブレットのタッチペンでテストを行う学校はそんなに多くないと思うんですね。そうすると教員としては、手で筆記するということについても、なあなあで済ませないことが大事です。筆圧が弱かったり読みづらい字を書いている児童がいたりした場合に、「まあ、なんとなく読めるからいいか」と教員がスルーしてしまうと、その子はずっとそれでいってしまうことになります。ですから、**「それだと読めないね」とか「もう少し濃く書きましょう」という形で、個別対応にはなりますが、読み手としての意見をしっかりと子どもに伝えてあげることが大切です。**

それと、このご相談者は「『こ』と『2』などの区別がつかない」とおっしゃっています。これは「筆圧が弱いためにはっきり読み取れる字が書けていない」ということと、「お子さん自身が正しく文字の認識分けをできていない」という二つの問題が考えられると思います。昔はひらがなの指導で厳しい先生がいましたが、今はああいう指導はされないのでしょうか？

小学校や中学校で書写の授業はありますが、それほど厳しい指導はしていないのではないでしょうか。教員として難しいのは、子どもが単に怠惰に書いているだけなのか、能力的にきれいに書けないのか判断しがたいということです。書字障害とまではいかなくとも、「きれいに書きたくても書けない」子どもは一定数います。

あと日々の授業で感じるのは、**漢字を書けない子どもがものすごく増えているということです。**入試やテストでは変わらず出題されるものではありますが、漢字を書くことに対する生徒の意欲は低いですね。

やはり、大人も含めて漢字を書く機会が減っているのでしょうね。

大人も子どもも「漢字は書けなくてもいい」くらいに思っている部分があります。書き順も部首も無視で、漢字を「文化の継承」として捉えていません。あくまでも「ツール」でしかないわけです。「先人たちがつくり上げてきたものを受け継ぐ」という視点で漢字とつき合うためにはどうすればいいか。教員としてそういう悩みはあります。

Q5

小学校で作文の宿題が減ったせいか、
子どもが書くことに
苦手意識を持っています。
読書感想文の宿題も自由課題となると、
文章を書くことに
苦手意識や面倒くささを感じている
子どもにとっては、
「書かない」という選択肢しかありません。

子どもが「書くことが苦手」というときに、**「書き方がわからない」というスキルの面**と、**「苦手意識がある」というマインドの面**があると思いますが、いかがでしょうか。

第1章でも触れましたが、日本の小学校では文章の書き方の「型」を教え、添削するという時間が十分に取れていません。

子どもが書くことに苦手意識を持っている場合に、それは**「型がわからない」のか、そもそも「書き方がわからない」のか、中身の面でも具体例を書いていいのかそうではないのか、といったあたりを保護者の方は把握してあげてほしいと思います。**

本来、書き方の指導は個別の対応が必要なのですが、学校の授業で書かせっぱなしで評価もしていないのであれば、当然子どもは達成感を実感できませんし、苦手意識を改善する機会も持てません。

井上先生がおっしゃるように、**子どもの書くスキルが十分ではないから、「書くことが苦手、面倒くさい」というマインドの問題につながっている**ように感じます。

[図15]アメリカの小学校で教える文章の3部構造

はじめ	言いたいことを書く
なか	理由①　理由②　理由③
まとめ	「はじめ」で書いたことを繰り返す

(出典) 渡邉雅子『納得の構造　日米初等教育に見る思考表現のスタイル』(東洋館出版社)をもとに作成

そこは大きいと思いますね。灘校生であっても、初めはそうです。

名古屋大学の渡邉教授のご研究によれば、**アメリカの小学校ではサンドイッチのような「3部構造の型」を早いうちから教えている**そうなんですね。文章の初めに言いたいことを書き、真ん中にはその理由を二つか三つ書く。そして最後に初めの主張を少し表現を変えて繰り返す、というものです(図15)。

一方、こうした文章の型を知らない日本の子どもの多くは「〜して、〜して、楽しかったです」という具合に、出来事を時系列で書く傾向があり、渡邉教授の調査だと93％くらいの子どもが時系列に書いてしまうそうです。そこで、この3部構造を教えてあげると、子どもはすごく文章が書きやすくなり、作文がとても楽しくなると渡邉教授はおっしゃっています。

ご指摘のとおりです。まずは子どもにストラクチャーを教えなければなりません。**作文は骨格がすべてと言いますか、まず枠組みを教えて、あとはひたすら練習することが大事です**。今は日本語の型と英語の型を両方勉強しないといけないので、子どもはさらに混乱してしまいますよね。

Q6

部分要約や全体要約ができないわが子。何かコツがあれば教えてほしいです。

Q5とも関連しますが、要約をするにはまず文章の「型」がわかっている必要があります。さらに、説明文、物語文、随筆文など、文章の「種類」によって要約のやり方が異なります。まずはそのあたりをしっかりと意識することが大切になりますが、元の文章を「読む力」が問われますし、要約文を「書く力」も問われますので、少し込み入っているかもしれません。

何か家庭でできることはありますか？

一時期、朝日新聞の「天声人語」の書き写しや要約が流行った時期がありましたが、**新聞のエッセイやインターネットの記事など、その子の興味・関心のある短い文章の要約から始める**といいかもしれません。

以前、ある取材で、小学生がおじいちゃんと一緒に新聞記事を切り抜いて、何が書いてあるのかを自分なりにまとめて感想を書くという遊びを毎日続けていたら、苦手だった国語が得意になった、という話を聞きました。そのおじいちゃんは孫の書いた

文章を評価するわけではないのですが、**「毎日書く」という習慣自体が効果的だったようです。**

今は新聞を取っている家庭が減っていますが、読むだけではなく、書く練習を目的として新聞の役割を見直してみてもいいかもしれません。

一つのアイデアとして、**たとえばX（旧Twitter）は140文字の制約がありますが、これくらいの字数を目安に新聞やインターネットの記事を100字程度で要約して、親と一緒にnoteなどに投稿すればいい練習になるかもしれません。**読み手の反応も見られますからおもしろいと思います。

ほかにはどんな方法がありますか？

文章の段落ごとに見出しをつける、という方法もあります。あと、私が灘校の中学生の授業でやっているのは「フローチャート」といって、**説明文の主張部分だけを抜き出して、短く要約していく作業です。エッセイの場合は、抽象部ではなく具体例を**

抜き出しながら並べていきます。文章種を切り分けながらまとめるトレーニングをすることが大事ですね。

要約というのは基本的に言いたい主張部分があって、そこに理由や対比、目的などがくっついていきます。このあたりの日本語の文章構成を意識しながら、たとえば100字で書いてみようとか、50字にまとめてみようとか、20字にしてみようという形で、字数を適宜変えながら広げたり狭めたりします。私も授業中によくそういうことをしています。**肝はやはり「字数」ですね。学年が上がるにつれて設定字数を少なくします。**

では小さい子の場合は、わりと自由にまとめてみよう、ということでいいのでしょうか。

そうですね。その上で、**「この部分、まだ削れるんじゃない?」「これを入れるならこっちを入れたほうがいいよね」といった話を親子で一緒にできるといいと思います。**

「同じことを2回言ってるよ」とか。

そうですね。ほかにも、最後の結論部分以外にもう1要素入れるのであればどの段落がいいと思う？ とか。**重要度の優先順位づけのトレーニングにもなります。**

学校の教科書の文章でもできそうですね。

はい。ぜひ取り組んでみていただきたいです。

Q7

子どもが読書をしません。
好きなゲームの本だったら
読むかと思って買ってみたものの、
画面の写真だけを見て、
文字を読もうとしません。
どうすれば本を読んでくれるでしょうか。

読書のきっかけはなんでもいいですよね。たとえば漫画がきっかけで歴史ものの本を読むようになったという話はよく聞きます。

もちろん漫画でもいいと思います。ただ、**基本的に本も漫画も「楽しいから読む」ものですよね。動機づけがなければ何も進みません。**何のためにするのかと言うと、自分のためですから。そこを大事にしながら興味・関心の幅を広げていくことが大切です。「何かの力をつけるために読書をしましょう」と、読書の動機づけとして目的をぶら下げるのであれば、それはナンセンスです。

内発的な動機による行動に対して、外的な報酬などを与えることでモチベーションの低下を招いてしまう現象は「アンダーマイニング効果」と言って、1971年に心理学者のデシとレッパーによる実験で証明されています。**純粋に楽しむ行為に「目的」を放り込んでしまうことによって、子どもの無気力さを増長してしまう**というのは、こうした研究で証明されていることなのですね。

「子どもが読書をしなくて困っている」とおっしゃる保護者の方には、なぜ子どもに読書をしてほしいのかと問いかけてみたいですね。

また、保護者の中には、ご自身が子どものころに読書をしていた方と、読書をしていなかった方がいると思います。後者の方は、**なぜご自身は読んでいなかったのに、子どもには読書を要求するのだろうと思うんです。**

私は小学校時代は中学受験があったためにほとんど読書をしませんでした。ただ、妻は文芸作品をよく読んでいたようです。家に本があって、ほかに娯楽がなかったからだと言います。でも今は子どもたちに本を読むようには言いません。子どもが本をほしがったときに買い与えるというスタンスです。

子どもが読書をするには家庭の環境づくりがとても大切だと言われています。

たとえば厚生労働省の調査では、[*1]子どもが1カ月に読む本の冊数は、両親が読む本の冊数が多くなるほど増える傾向となっていることがわかっています。ベネッセコーポレーションの調査でも、[*2]1カ月に3冊以上読む人が読書を好きになったきっかけとして、子どものときに読み聞かせてもらったとか、身近な人が本を好きだったからという回答が多かったようです。

＊1　厚生労働省「第8回21世紀出生児縦断調査（平成22年出生児）の概況」
https://www.mhlw.go.jp/toukei/saikin/hw/syusseiji/17/dl/kekka_02.pdf
＊2　ベネッセコーポレーション「第1回 現代人の語彙に関する調査」結果速報
https://literas.benesse.ne.jp/common/pdf/research160915_02.pdf

子どもが読書をしている家庭では、**親に読書の習慣があったり、読み聞かせをしていたり、家族が集うリビングに本棚があったりするなど、子どもが読書をしたくなるきっかけが家庭内にある**ことがさまざまなリサーチでわかっています。まずはそうした「環境づくり」に取り組んでいただくといいでしょうね。

そう思います。親が言葉に触れない生活をしているのに、子どもにだけは本を読ませたいというのはなかなか難しいのではないでしょうか。

親がずっとスマートフォンばかりを見ていたら、子どもも見てしまいます。

では、スマートフォンのネット記事やＳＮＳの投稿を読んだりすることは読書と見なせないのか？　という議論が出てくるわけです。**１冊の本を読むことと断片的な文字情報を読むこと、どちらにも価値がある**と思うのですね。

確かに現代は娯楽があふれていて、五感を刺激するメディアやコンテンツに囲まれていますから、親自身もそちらに流れてしまいがちです。でも、**文字情報だけから得られる、自分の頭の中で想像する世界の楽しさがある**と思います。私は、現代の作家さんたちが小説の世界でがんばっていることにすごく励まされます。今、自分が置かれている世界とは全く違う世界を、文字の中で体験したり想像してみたりするのはとても豊かな時間です。

あとは、どんなジャンルであれ、**１冊丸ごと読むことの価値を大人が説明できるかどうか**が重要です。たとえば、最近では見開き2ページで一つの項目が完結しているようなつくりの本を書店でよく見かけますが、ああいう本を1冊読むことと、小説を

1冊読むことは全然違いますよね。

「なぜ本を1冊丸ごと読まないといけないのか」と子どもから問われたときに、国語科の教員としては、授業で使っている教科書にしろ受験の問題集にしろ、**みんなが読んでいるのは切り取られた文章だということ、一つの作品を丸々味わう機会はみんなが思っているほど多くはない**ということを伝えたいですね。授業や受験で触れている文章で事足りていると思わないでほしいと。もっと広い言葉の世界があって、作家はもっと広い視野で作品全体を構築しているわけで、それを体感する機会は学校にはほぼないんだ、ということをしっかり教えてあげる必要があります。

長い文章が苦手な子であれば、**星新一さんのショートショートから入ってもらうことを試す**のはどうでしょうか。自分たちが生まれるよりずっと前の人が、今の世の中のことをこんなに想像していたのか思うとわくわくする気がします。

いいと思います、その子が納得しているのであれば。

▼ **子どもが読書の習慣を身につけるには？**

- **家庭の環境づくり（親が本を読む、読み聞かせをする、リビングに本棚を置く）**
- **子どもが学校や塾でどんな文章に触れているのかを知る**
- **子どもが特に興味を持った文章の出典を入手して、一緒に読んでみる**

子どもに読書の習慣をつけさせるのは、ほんのひと手間だと思うのです。**親自身が、子どもが学校や塾でどんな文章に触れているのかに興味を寄せて、その中でも子どもがちょっとでも食いついているものがあったら、「お母さんはこの続きを読んでみたいな。図書館で借りてこようかな」と働きかけてみたり。**

親がそんなふうに働きかけられるのは、子どもが小学1年生に上がる前から小学6年生になるまでの、たかだか7年間ほどなのです。保護者の方もお忙しいとは思うのですが、「人生100年時代」のわずか7年くらいは、1日のうち5分でも10分でも子どもと一緒に読書をする時間をルーティンにされてはどうでしょうか。子どもが読書をしないと悩むよりはそのほうが手っ取り早いですし、**子どもの成長後に振り返ってみれば、一緒に笑ったり、喜んだり、悲しんだりと、こんなかけがえのない親子の時間はなかったと思えるはずです。**

Q8

「登場人物の気持ちがわからないから、
国語の授業がおもしろくない」と
子どもが言います。
そもそも国語の教科書の文章は、
自分で興味を持って
読んでいるものではないので、
授業が楽しくないそうです。

子どもがこういうことで悩んでいる場合、親はどうすればいいでしょうか？

授業やテストで物語文の登場人物の気持ちを問うときは、確実に答えが限定される部分しか問われません。基本的に、作品の中では登場人物の気持ちがわからない部分が多いので、授業やテストで問われる場合は、「ここは登場人物の気持ちがわかるところだよ」と言ってあげる必要があります。

確かに登場人物の気持ちというのは、論理的に解釈が限定できる場合と、いかようにも解釈できてしまう場合があります。もしお子さんがこれらを混同して「全部わからない」と言っているのであれば、「ここは絶対にわかるところだよ」と説明してあげることで、答えを突き詰めていく作業のおもしろさに気づいてくれます。

テストの場合であれば、「なぜこの線が引かれた部分だと答えが一つになるんだろうね」と問いかけながらお子さんと一緒に考えてあげるといいかもしれません。

最初からテストで１００点を目指すのではなくて、まずは**学校のテストの問題文をそのまま使って、子どもと一緒に考える時間を持つ、**ということでもいいですよね。

正しい答えが出なかったら子どもを叱るのではなくて、「おー、そう来るか！」と言って子どもなりの答えをおもしろがってあげたりしながら。

そうですね、Q2にも共通する部分がありそうです。
ほかにも、**家族で同じ本を読んで意見交換をするのはすごくおすすめですね。**子どもは子どもで感想を言ってきますし、「お父さんはこう思うけどね」と違う角度から攻めてみたりすると楽しいと思います。

IBの場合だと、本の読み方においても「ちゃんと根拠が示せればいろんな答えがあっていい」という考えなのですよね。

そうです。たとえば人間が何か言葉を発したりとか、行動を起こしたりする背景には、気持ちはもちろんあるけれども、気持ちだけではない、という教育をするのがIBなんですね。
日本の教育は、感情と理性を真逆のものと捉える向きがあります。ですが、喜怒哀楽にせよ、感情がわき起こるプロセスってすごく論理的ですよね。その点で言うと「感情と論理は表裏一体」という部分があります。

ＩＢでは、感情以外にも言語や論理、信仰などが行動に及ぼす影響についても学びます。「信仰」などは、案外日本人が見落としがちなところかもしれません。このように、**人間の行動や認識の背景には感情以外のいろいろな広がりがあることを、さまざまな物語文の実例をふまえながら子どもに伝えられるといいと思います。**

子どもが小さい場合は、挿絵があるような絵本を家族で一緒に読んでお話し会をしたり、お話の続きを考えたりする、ということでもいいのでしょうか。

おもしろいと思います。ただ、**鑑賞や創作は言語の学習の中では最も発展的な活動になりますので、親のサポートは必要になるとは思います。**

ご相談の後半にある「そもそも自分で興味を持って読んでいるものではないので、授業が楽しくない」についてはいかがでしょうか。

児童が興味を持っていないというのは、教員としては実はチャンスなんです。

どういうことですか？

その児童は普段、自分の興味があるものしか読んでいないわけです。自分が「絶対にこれはおもしろくない、読んでもわからない」と思っているものについて、学校の授業で人の意見を聞くことで「ああ、そういうことか」と新たな気づきを得たり、自分の考え方が変わったりするきっかけが生まれます。ですから、**お子さんが興味を持っていないものにこそ、それをくつがえすチャンスが潜んでいるわけです。**

ただ、お子さんが読む前に「これはおもしろいんだよ」と言っても、おそらく納得してもらえません。**「この本に興味はないかもしれないけれど、1回読んでみよう」とすすめて、読んだあとに納得してもらう**ことが大切です。

前にも少し触れましたが、中学受験をきっかけにして読書体験が広がるのと同じですよね。たとえば戦時中の貧しい生活を描いたような小説を、子どもが自分から興味を持って読むことはほとんどありませんが、入試で出題されるから塾の授業で読むわけです。「二つのおにぎりを家族みんなで分け合った」というような話に、授業や塾で子どもが初めて触れることを考えると、確かにチャンスですよね。

自分とは違う価値観に触れることで、当然、子どもの中に「質問」や「問い」が生まれます。子どもがそれを誰かと共有したい、誰かに聞きたい、確認したい、となれば、それが国語の入り口になります。

Q9

子どもが中学受験を控えていますが、
文章を読むのが遅いので、
親としては心配です。

灘校にも読むのが遅いと悩んでいる生徒はいます。ほかにも大人を含めて本を読むのが遅いと悩んでいる人が多いのか、巷では速読法のようなものもたくさん出回っていますね。

そもそも、読むのが遅いことは問題なのでしょうか？

試験では不利になります。ただ、助言には注意をはらいます。たとえば「飛ばし読みをする」などの手法はあるのですが、読む力を一層低下させるリスクもあるので、私からはすすめにくいのです。

そもそも、なぜ読みが遅くなるのかというと、情報処理の問題になります。どうしても「書かれていることを理解しながら読みたい」という気持ちが先立ってしまうと、なかなか目が先に進まなくなります。そんなときは、**一度立ち止まって自分はどこがわからないのか、遅くなるときの文章種はどのようなものかといった自己診断をしてみましょう。**短絡的に目先のテクニックには飛びつかないほうがいいよ、と生徒には常に言っています。

それでも、「どうしたら速く読めるようになりますか？」と聞かれたら、どのように答えていらっしゃいますか？

それはもう、**「急がずに慣れていくしかない」**としか言いようがないですね。

数をこなすしかないのですね。

読むスピードというものは、背景知識の量に比例するものです。読むのが遅いと悩んでいる子を見ていると、**どんな文章でも遅いわけではなくて、文章のテーマによる**のですね。では、どの領域の知識が不足しているのか、それを振り返りながら一つずつ吸収していくことです。この作業を続ければ少しずつ速くなっていくのですが、やはり受験生のいる親は心配になりますよね。

結局、問題なのは試験の制限時間に間に合わなくなることであって、子どもが好きで読書をする分には、ゆっくり読んでもいいわけですよね。

だから、たとえば子どもが自分の好きな本を読んでいるときに、「そうやってゆっくり味わって読むのはいいよね」とひとまず認めてあげた上で、「それじゃあ、試験のときはどうしようか」と問題意識を持たせるというのはどうでしょうか。

それもいいかもしれませんね。保護者へのアドバイスとしては、**受験のことは気になりますが、それでも焦らずに、遅くてもいいからじっくり読む習慣をつけさせましょう**としか言いようがありません。**ゆっくり読んだ本の情報が、次の読書の礎となって、次第に読む速さにつながっていく。**無理に速く読ませようとすると歪みが出てきてしまいますから焦らないことです。

Q 10

うちの子は、国語の問題で「直接的に書かれていないこと」がわからないと言います。

これは小学校低学年から持ち得る悩みですか？

そうですね。書かれてある内容を理解するのは大事なことですが、学齢や発達年齢によっては、書かれていないことがテストで問われたりしますし、書かれていないことに思いを馳せないと主題がわからない作品も教科書にはたくさんあります。**詩歌などはまさにそうで、俳句や短歌も同様です。**このあたりは、詩を使いながら教えることが国語の中では多いのですが、現場の教員にとっても指導が難しい面があります。

具体的にどのあたりが難しいのでしょうか。

まずは「比喩」ですね。小学校低学年では「〜のような」「〜みたい」といった「直喩」が、小学校高学年では「擬人法」も出てきます。さらに、最終的には「〜ような」を用いない「暗喩」も出てきます。こうした比喩の理解は理論だけでは果たせなくて、**子どもの想像力や言語体験の量がものを言うのです。**

中学校に上がると「寓喩*」なども加わります。どれも直接的には書かれないものを表現しているので、私の授業では生徒の意見を吸い上げながら、こちらからは答えを言うことなく考えてもらうように指導しています。

＊ある事物を、ほかの事物を用いて暗示的に表現する方法。

第1章でもお話ししましたが、灘中学校では入学試験に詩の問題を出しています。直接的には書かれていなくとも、何が起こったか、何を伝えたいかについて、この次元までは想像力と論理力で導き出してほしいという願いでしょう。

実生活や実社会でも、本当に言いたいことは言わないようなことが頻繁にありますよね。その意味からも、**国語において最も社会につながる力は、この「書かれていないことを理解する力」ではないかと考えています。**一つ論点を挙げるとすれば、その力の育成を担っているのは学校なのか家庭なのか、ということです。

おっしゃるとおりだと思います。

私たち自身が、書かれていないことを理解する力を学校だけで身につけたかと言え

ば、**おそらくそうではないと思うのです。**私個人も、「書かれていないことはこうすれば読み取れますよ」というのを学校で教わった記憶がありません。いろいろな人とのリアルなつき合いの中とか、心に残った一篇の詩とか、そうした個人的な体験の中で、それぞれのタイミングで、言外のことを読み取る力を備えていった気がします。

と言うことは、**直接的に書かれていないことがわからない子どもたちには、人とのコミュニケーションや体験が不足している**、と言えるのでしょうか。

それは大きいと思います。

石井光太さんの『ルポ 誰が国語力を殺すのか』(文藝春秋)の中に、小学校の授業で新美南吉の『ごんぎつね』を取り上げたときの話が出ています。そこには、登場人物の母親の葬儀の準備で、近所の人たちが大きな鍋で何かを煮ている場面の描写を読んだ子どもたちが、「お母さんの死体を鍋で煮ている」と真剣に解釈していたことに衝撃を受けた、とありました。

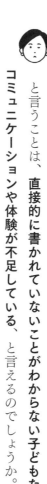

私はこの部分を読んで、今の子どもたちには体験が不足しているのだと思いました。お通夜でごちそうを振る舞われる体験をしていないとわからないですよね。昔みたいに、近所のおばあさんが亡くなったから葬儀に参列するといった機会が今はほとんどありませんし、ましてや法事を営む家庭も減ってきていると聞きます。

そう考えると、小説の中にちりばめられた、文字に書かれていないさまざまな背景がわからないのであれば、そこを補ってあげないといけません。子どもたちは何も悪くない。肯定的に言うと、**「直接的に書かれていないことがわからない」というところから、子どもの世界を広げてあげることはできる**と思います。

学校現場でも、経験学習がないがしろにされている背景には時間不足があります。一人の教員が40人前後の児童生徒を相手に授業を成立させるためには、効率的に回さなければなりません。そこで**「外に出てみよう」だとか「校外学習をしよう」ということにはなりにくい。だからこそ、その部分を家庭でカバーしてほしいという思いはあります。**校外学習もないわけではありませんが、校外に行くことが目的化してしまっていて、なんの教育効果があるのかについては置き去りになっています。

[図16] IB（DP）の三つのコア

TOK（Theory of Knowledge） 知の理論	「知識」の本質とはなにかを学ぶ教科。IBが標榜する構成主義では「知識はいつも人が構成するものである」とする。先人はこの世界をどのような枠組みで理解してきたのか。二項対立に陥らず実生活に役立ち、物事の本質に切り込む意義ある問いの立て方と、そうした問いにどのように取り組むか等について学ぶ。
CAS（Creativity, Activity, Service） 創造性・活動・奉仕	創造的思考を伴う芸術などの活動、身体的活動、無報酬での自発的な交流活動といった体験的な学習に取り組む。
EE（Extended Essay） 課題論文	生徒が関心のある研究分野について個人研究に取り組み、研究成果を4000語（日本語の場合は8000字）の論文にまとめる。

（出典）文部科学省　IB教育推進コンソーシアム「DP（ディプロマ・プログラム）とは」をもとに作成　https://ibconsortium.mext.go.jp/about-ib/dp/

その意味では、ＩＢのＣＡＳはよくできていますね。必ず生徒にＣＡＳを経験させるのは、体験の重要性をカリキュラムに組み込んでいるためですね。

序章でも触れましたが、ＩＢには「コア」というものが三つあります（図16）。「ＴＯＫ」という概念学習、「ＣＡＳ」という経験学習、そしてもう一つはＴＯＫとＣＡＳを合わせた「ＥＥ」(Extended Essay) という課題論文です。この三つがＤＰ (Diploma

[図17] CASのモデル（コルブの「経験学習サイクル」）

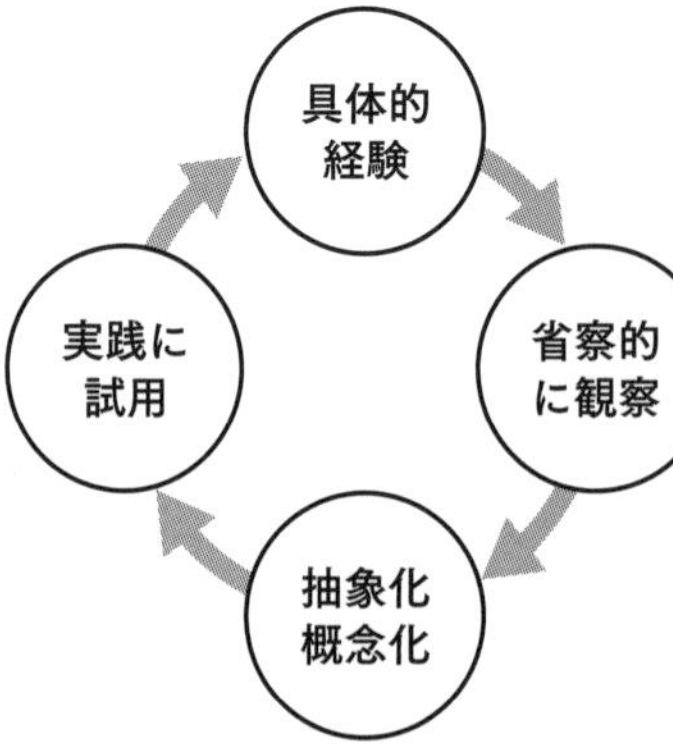

Programme）のコアとされています。ＤＰとは16〜19歳が対象で、２年間で一定の成績を取ることでＩＢ資格を取得することができるプログラムです。教室での学びを机上の空論としないために、必ず経験と結びつけるのですね。

ＣＡＳの肝は「振り返り《リフレクション》」（課題を終えたあとに行う振り返り）を行う力をつけることです。直接的に書かれていないことを理解するためには、他者と意見を交わし合うという経験を通して何が妥当な読みなのかという問題について、トライ＆エラーを繰り返しながら分析していかなければいけません。この体験に根差した振り返り《リフレクション》の思考のプロセスを明示したものが、コルブの経験学習サイクルです

(図17)。そもそも**書かれていないことを一発で理解するのは不可能なので、生徒にチャンスをたくさんあげないといけない**のですが、学校では難しい部分が出てきます。

これから子どもが減っていくのですから、しっかりと子どもたちの伴走者になれるような教員を養成し、壁打ちをしながら子どもを育てていけるような教育が学校でできるようになることが理想ですよね。そうすれば、なんでもかんでも家庭の責任だという風潮もなくなり、教育格差が小さくなって、みんなが子どもを育てやすい社会ができます。すでに素晴らしい教育のカリキュラムが世の中に存在しているのですから、あとはそれを実現するだけなのですが。

少し話がそれますが、私は批判的思考《クリティカル・シンキング》に興味・関心があります。批判的思考《クリティカル・シンキング》ができる人の話を聞くと、大抵の場合は学校で教わったわけではありません。なのに、その人は批判的《クリティカル》に物事を捉えられるのです。

たとえば毎年１００人の生徒の中から、批判的思考《クリティカル・シンキング》ができる生徒が偶発的に10人生まれてくるのであれば、「別に学校で教えなくてもいい」という議論があってもいいと思います。なぜ今、ことさらに、学校で批判的思考《クリティカル・シンキング》や振り返り《リフレクション》のスキルを教えようとしているのか。それらの力のある生徒を教育の力で１００人中20人や30人に増やしたいからなのか。でも、放っておいても批判的思考《クリティカル・シンキング》や振り返り《リフレクション》の力がある生徒は一定数生まれてきます。

このあたりの力も、**生活を重ねていく中で自然に身につくもの**だという気がしています。それを学校教育の中でどこまで引き受けなければならないのか、私自身は問い続けています。

ただ、幼児教育に関して言えば、「こぐま会」*の久野泰可代表に取材した際に「大人の介入は大切だ」というお話をうかがいました。日本の幼児教育は世界と比較すると長い間アップデートされておらず、保育現場では今でも「幼児期は遊ぶことが大事」とされています。でもそれは子どもを放っておけばいいということではなく、**大人が対話を通じて少しだけ介入し、壁打ちの相手になってあげられるような足場を組んであげてこそ、子どもは「体験」を通じて一歩ずつ学んでいけるそうなのです。**そしてその体験が土台となって、小学１年生からの学習がスムーズになるのだとおっしゃい

ます。「幼児教育」というと、日本ではお受験や先取り教育などのイメージが広まっていますが、そういうことよりも、子どもが年齢なりに体験を通じて学んでいくことが大切なのだと。

＊（出典）https://resemom.jp/article/2023/09/11/73736.html

放っておいて自分で勝手に学べる子もいるにはいるけれど、一方で、少し大人が手伝ってあげることで「そういうことなんだ」と気づき、学んでいける子どもはたくさんいるというお話をうかがいました。

書かれていないことがわかる力は、批判的思考《クリティカル・シンキング》や振り返り《リフレクション》も前提になってきます。こうではないかと仮説を立てて状況証拠（書かれている言葉）をもとに繰り返し分析・検証していく作業です。これを学校の国語の時間だけで学ぼうとすると、いろいろな壁にぶつかります。

「一人の子どもを育てるには一つの村がいる」というアフリカのことわざがあるように、昔なら、子どもたちが遊んでいれば近所の大人たちと関わる場面がありました。でも今はそういう環境がなかなかないですよね。

灘校に入学するようなお子さんたちは、おそらく大人の介入がなくても、自律的にあるいは先天的に批判的思考《クリティカル・シンキング》や振り返り《リフレクション》の力を持っているのかもしれません。あるいは保護者が教育熱心で、皆さん無意識のうちに家庭で上手な声がけや介入ができているのかもしれません。案外、子どもが小さいころのそうした体験がつながっているのかもしれないと思います。

Q11

子どもの語彙量が少ないです。どうすれば増やしてあげられますか。

親も含めて、子どもたちの周りにいる大人に十分な語彙量があれば、少しずつ子どもの中に語彙が蓄えられていくはずなので、それほど心配しなくてもいいと思います。もし周囲の大人に十分な語彙量がないのであれば、まずは**大人が語彙を増やす**ことが大切なのかなと。あるいは、もし子どもと関わる時間をつくることができていない環境であれば、**大人が子どもと関わる時間を意識的に持つ**ことが肝心ですよね。

Ｑ７にも似ているように思うのですが、何かをするために語彙を増やすのであれば、それは子どもには響きません。語彙が自然と身についていて、それが何かの役に立った、というふうにあとから体感するほうが理にかなっています。

私個人としては、語彙量を増やさなくてもいいと思います。単語集を買って覚えようとしてもおもしろくないですよね。何が言いたいのかというと、最終的には語彙量を増やしてほしいのですが、やはり**子ども自身が失敗体験をしなければ語彙量を増やそうとは思わないものです。**語彙量を増やしたら便利ですよ、本をたくさん読んでいると役に立ちますよ、といくら言っても、子どもには理解できないのと同じです。

確かにそうですね。

たとえば語彙量が足りなかったことで誰かから軽蔑されたとか、喧嘩になったとか、行き違いが起きてトラブルになったとか、そうした失敗体験を子ども自身が重ねて、自分事として語彙量の必要性を感じないと、なかなか「学びのエンジン」が発動しないと思うんですね。

保護者が子どもとの会話の中で語彙量が足りないな、と感じたときに、「それだと何を言っているのかわからないよ」と声をかけたり、その場で注意してあげたりするのがいいと思います。

たとえば加藤さんは、ご自身がどうやって語彙量を増やしたか説明できますか？

私の場合は、子どものころは語彙が豊かになる環境ではありませんでしたね。私の母は語彙量が豊富にあるタイプではなかったですし、父はアカデミアにいた人でしたが、忙しくて研究室に入り浸っていたので、親子の関わりは多くはなかったです。

つまり、ほとんどの人が、社会人になってから語彙量を増やしていると思うのです。

そうかもしれません。あとは入試も関係しそうな気がします。

語彙量は、その人が属しているコミュニティと密接に結びついています。オールマイティに広げる必要は全くありません。たとえばうちの子どもが先日、「芳醇」という言葉を使ったのですが、普段の生活ではあまり使わない言葉ですよね。おそらくテレビか何かで見たのでしょう。つまり、本を読んで語彙量が増えたからと言って、必ずしも生活が豊かになるとは言えないと思うのです。まんべんなく読書できる子などいませんから。

ただ、気持ちを表す言葉は大事だと感じます。最近は「エモい」や「ヤバい」など、どんな意味にも置き換えられるような言葉が横行しすぎていて、こちらが思っている「ヤバい」と相手が思っている「ヤバい」の意味が合っていなかったときに、ミスコミュニケーションが起きてしまいます。その意味からも、**「言い換える力」はある程度必**

要なのではないかと思います。

自分の気持ちをうまく言葉に表現できずにコミュニケーションの行き違いが積み重なって、極端な場合は相手を傷つけてしまうようなケースもあります。犯罪心理学の専門家が指摘しているように、子どもがキレやすくなるのはうまく言語化ができていない結果だとも言われています。

もっと身近な例で言えば、私たち親も言葉が足りないとすぐに子どもに怒鳴ってしまったりしますよね。だから、やはり対話をするためには、人は言葉を持っていたほうがいいと思います。大人同士でも、言葉が足りないとミスコミュニケーションが起きますから。

Q12

子どもにスマホやタブレットを
いつ渡したらいいのか、
またどのように使わせたらいいのか、
わかりません。
アドバイスをいただけたら幸いです。

学校では児童生徒一人にタブレット1台を渡す時代になってきましたので、家庭の中でどうすればいいのか、親としてどうポリシーを持てばいいのかと、多くの保護者が悩まれています。

「スマートフォンやタブレットを使った学習では脳があまり活性化しない」という研究論文や書籍が出ていますが、世界的に見てもサンプル数が限られていたり、調査期間が長くなかったりして、実はまだよくわかっていないことのほうが多いとも言われます。ですから、あまり二分法で捉えないほうがいいのではないかと思いますが、井上先生は親として、あるいは教員の立場からどのようにお考えですか？

個人的には**すぐにでも渡してあげてください**、というスタンスですね。

灘校では1人1台渡されていますが、私の担当学年では中学2年から渡しました。なぜ中1の時点で渡さなかったのかというと、使う前にＩＣＴのリテラシー、つまりこれらの端末を使うにあたっての注意点や適切な使い方などを、対話と実践を通じて学びながら渡してあげるのが現実的だと考えたからです。

ただ、家庭ではいろいろな事情があると思います。ケースバイケースですが、まずは**遊びながら慣れてもらうのがいいのではないでしょうか。**ゲームなどへの依存といったご心配はあるのかもしれませんが。

このご相談者が心配されているのは、デジタルデバイスの「負」の側面に不安を覚えるからではないでしょうか。メディアではネガティブなニュースがたくさん流れているので、そういうニュースを見ているせいで、アルゴリズムでネガティブなニュースばかりが入りやすくなっているのかもしれません。

私がいろいろな先生方に取材してきて思うのは、**スマートフォンやタブレットを使わない「別の時間の過ごし方」を、親が選択肢として増やしてあげることが大事**だということです。

たとえば高校野球の選手たちも、普段はスマートフォンでゲームをするだろうけれども、野球という選択肢を持っているわけです。ほかの子どもにとっては、それがアナログに絵を描くことかもしれないし、あるいは走ることかもしれない。子どもによってさまざまな選択肢があるはずです。その子にとって、スマートフォンやタブレット以外に楽しめることは何なのかを、親としてはあきらめずにお子さんをいろいろなところに連れ出して、たくさんの機会を与えながら一緒に探してあげることが大切だと思います。別の時間の使い方が見つかれば、スマートフォンやタブレットに依存する時間は相対的に少なくなります。時間は有限ですからね。

楽しいことでいいと思います。私の知人には、プロ野球の試合や釣り、あるいは自分が推している韓流スターのイベントにお子さんと一緒に行っている人もいます。そんな時間をきっかけに子どもが語学など、興味の幅を広げたといった話も聞きます。**まずはお父さんお母さん自身が楽しんでいる姿を見せればいいのではないでしょうか。**

それはとてもいいですね。私は自分の子どもにスマートフォンを渡していますが、中には大学生になってからがいいとおっしゃる先生方もいます。リアルな体験をたくさんすべきだと。その意見はわからなくはないのですが、しかしデジタルデバイスは決して敵ではありません。たとえば**スマートフォンやタブレットを持って外に出てみれば、体験を豊かにすることもあります。**「スマートフォンの時間を我慢して、外での体験を大切にしなさい」ではなくて、スマートフォンやタブレットを持って外に出てみればいいのではないでしょうか。

そうですね。今は道端に咲いている花の名前もスマートフォンをかざせば出てきますから。

道も教えてくれますしね。あまり「勉強VSスマホ」と考えずに、うまく使いこなす方法を探れたらいいと思います。

巻末付録

国語力が身につくおすすめの本

国語力が身につくおすすめの本①

保護者向け

たったーつを変えるだけ

クラスも教師も自立する「質問づくり」

ダン・ロススタイン、ルース・サンタナ［著］
吉田新一郎［訳］（新評論刊）

井上

アメリカの非営利団体「The Right Question Institute（RQI）」が開発した問いづくりの方法論が掲載されています。本書の第2章で取り上げたQFTについて、より詳しくお知りになりたい方はぜひお読みください。家庭で問いづくりをする際の参考になると思います。

国語力が身につくおすすめの本②
保護者向け

井上

伝説の灘校教師が教える
一生役立つ学ぶ力

橋本武［著］（日本実業出版社刊）

灘校で半世紀国語科教員を務めた橋本武が、どのような考え方で授業づくりをしていたのかが簡潔明瞭に書かれています。親子で国語の学び合いを行う際のヒントも満載だと思います。橋本流の寄り道する授業を体験ください。

国語力が身につくおすすめの本③
保護者向け

学校の枠をはずした
東京大学「異才発掘プロジェクト」の実験、凸凹な子どもたちへの50のミッション

東京大学先端科学技術研究センター
中邑研究室［編］（どく社刊）

井上

東京大学「異才発掘プロジェクトROCKET」で子どもたちが取り組んだ50のミッションが掲載されています。学校の教科教育の枠組みにとらわれない、子どもの自由な発想や、探究活動に満ちあふれています。小学生にも読んでほしい本です。

国語力が身につくおすすめの本④
小学生向け

エルマーのぼうけん

加藤

ルース・スタイルス・ガネット［作］
わたなべしげお［訳］
ルース・クリスマン・ガネット［絵］（福音館書店刊）

少年エルマーが捕らわれたりゅうの子どもを助けにいく冒険のお話。エルマーは輪ゴムやチューインガム、歯ブラシなど身近なものを道具に難局を切り抜けていきます。10章に分かれていて読み聞かせするにもキリがよく、途中に絵もあるので、本に興味がない子どもでも飽きずに最後まで楽しめます。

国語力が身につくおすすめの本⑤
小学生向け

未来いそっぷ

加藤

星新一[著](新潮文庫刊)

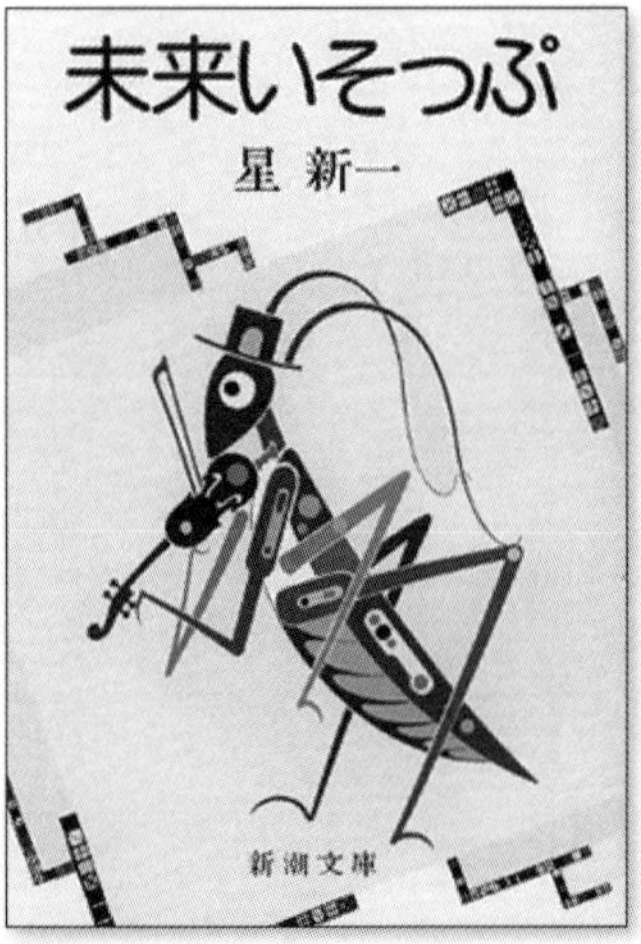

短編小説よりも短いお話“ショートショート”と言えばこの人。こちらも読み聞かせに向いています。「アリとキリギリス」「北風と太陽」「シンデレラ」といったお馴染みの童話がアイロニカルに書き換えられているほか、今の時代を見透かしていたかのような話もあり、クスッと笑いながらも、想像力が掻き立てられます。

国語力が身につくおすすめの本⑥
小学生向け

モモ

加藤

ミヒャエル・エンデ［作］
大島かおり［訳］（岩波少年文庫刊）

世界中で読まれている児童文学の不朽の名作。時間どろぼうとモモという少女の対決をスリリングに、そしてファンタジーあふれる物語として描き、時間の大切さを教えてくれます。忙しい大人たちがハッとさせられるような、数々の名言に出合えることも。長編ですが、親子でじっくり味わうに値する読書体験となるでしょう。

おわりに

本書でも触れられたように、今、日本の国語教育は、大きな転換期を迎えています。たくさんの情報を読み解く力が求められ、国語に限らずすべての教科で国語力が問われるとも言えます。急速に発展していくＡＩと人間がうまく共存していくためには、「客観的」「論理的」に物事を捉える力が重要だとされているのです。

一方で、客観性重視だけでは世界には通用しない。井上先生とそんなお話もさせていただきました。

一歩世界に踏み出せば、そこは多様性の坩堝《るつぼ》。「あなたはどんな人なのか」「あなたはどう考えるのか」という主観が問われます。日本の教育では客観性や論理性が重視されていく時代にあって、子どもに関わる親や大人は、そこを決しておざりにしてはいけないと思います。

主観には、五感を通じたさまざまな体験から、一人ひとりが何を感じ、思い、考えたのかといった心の内を言語化するプロセスが必要です。子どもの声に耳を傾けたり、疑問を共有して一緒に悩んだり、意見を言い合ったりしながら、子ども自身を主語にした感情や思考を引き出していくことが大切です。

では結局のところ、親やまわりの大人に何ができるのか。

まずは、本書のような国語を取り巻く新常識をふまえ、アップデートしておくこと。そして毎日少しでも子どもと対話することです。

対話といっても特別な話題である必要はありません。第2章のように問いを投げかけたり、子どもの話に「それってどういうこと？」といった相槌を打ったりと、ほんの少しの時間、スマホを脇に置いて言葉を交わす。読み聞かせをしながらでもいいでしょう。すると子どもは、自分の言葉を聞いてもらえた安心感から、「もっと話をしたい」「話すことが楽しい」と思うようになります。対話を通じて得た「これでいいんだ」という自分への自信や認められた喜びが起点となって他者への関心が芽生え、その先に、今後重要だとされている周りの世界への客観性や論理性が育っていくのだと思うのです。

大きな転換期だと言われようが、本質は変わりません。国語力などと身構えることなく、今しかできない、目の前の子どもとの時間を楽しもう。本書を通じて、そんなふうに感じていただけたら幸いです。

令和6年2月　加藤　紀子

著者紹介

井上志音（いのうえ・しおん）

灘中学校・灘高等学校 国語科教諭。1979年奈良市生まれ。神戸大学大学院国際協力研究科博士後期課程 単位取得退学。文学修士（学校教育学）。2013年より現職。灘中高での本務のほか、学外においても「国語科教育論（大阪大学・神戸大学）」「IB教育の理論と実践（立命館大学大学院）」を担当している。専門は国際バカロレア（IB）教育をふまえた教科教育学。高校国語科教科書（東京書籍）の編集委員のほか、「NHK高校講座　現代の国語」（Eテレ）では監修・講師も兼任している。著書に『メディアリテラシー　吟味思考を育む』（分担執筆、時事通信社）、『国際バカロレア教育に学ぶ授業改善』（共編著、北大路書房）、『これからの国語科教育はどうあるべきか』（分担執筆、東洋館出版社）など。

加藤紀子（かとう・のりこ）

教育情報サイト「ReseMom（リセマム）」編集長。1973年京都市生まれ。1996年東京大学経済学部卒業。国際電信電話（現KDDI）に入社。その後、渡米。帰国後はフリーランスライターとして中学受験、子どものメンタル、英語教育、海外大学進学、国際バカロレア等、教育分野を中心に「プレジデントFamily」「ReseMom」「NewsPicks」「ダイヤモンド・オンライン」「『未来の教室』通信」（経済産業省）などさまざまなメディアで取材、執筆。初の自著『子育てベスト100』（ダイヤモンド社）は17万部のベストセラーとなり、韓国、中国をはじめ6カ国・地域で翻訳されている。その他著書に『ちょっと気になる子育ての困りごと解決ブック!』（大和書房）、『海外の大学に進学した人たちはどう英語を学んだのか』（ポプラ新書）がある。

親《おや》に知《し》ってもらいたい 国語《こくご》の新常識《しんじょうしき》

2024年3月31日　初版発行

著　者　井上志音・加藤紀子
発行者　花野井道郎
発行所　株式会社時事通信出版局
発　売　株式会社時事通信社
〒104-8178　東京都中央区銀座5-15-8
電話03(5565)2155　https://bookpub.jiji.com

装丁・本文デザイン　藤塚尚子(etokumi)
イラストレーション　くにともゆかり
DTP　有限会社マーリンクレイン
校正　溝口恵子
印刷・製本　中央精版印刷株式会社
編集協力　地蔵重樹
井坂敦子(花まる子育てカレッジ)
編集担当　新井晶子

ISBN978-4-7887-1905-7　C0037　Printed in Japan

＊本書のご感想をお寄せください。宛先は mbook@book.jiji.com